猫が生まれ変わって恩返しするとき

ゆりあ 優李阿 著

まえがき

猫をはじめとするペットの〝恩返し〟というものが、本当にあるということを信じられますか？　そして、猫たちの隠れた恐るべき神秘的な力をご存じでしょうか？

猫は古くから神聖で、霊性の高いスピリチュアルな存在とされてきたため、言い伝え、迷信や逸話はたくさん存在しています。その多くは、猫に優れたスピリチュアルパワーがあることを示唆するものです。

この本は、私自身を通した猫たちと人間とのスピリチュアルな関係についてのお話です。

私は子供の頃から動物が大好きで、不幸な境遇にある猫や犬と、ずっと助け合って暮らしてきました。

小さい頃から第六感がとても冴えており、普通の人には見えないものが見え、聞こえないものが聞こえるという能力があり、気付けば動物たちとテレパシーで会話していました。

ちょうど一〇年前、その恩返しの実体験をまとめた『本当にある猫たちの恩返し』の初版が二〇〇九年八月に出版されて、かなりの反響がありました。

翌年の二〇一〇年秋に私は脳梗塞で二回倒れて、生死をさ迷う最中の二〇一一年一〇月に、私の身代わりかのようにチャコは亡くなってしまいました。

当時は、次々に押し寄せる病気と薬の副作用で本当に生きるか死ぬかの瀬戸際で、生きていることの方が信じられないくらいの状態でした。

それから入退院を繰り返して、過酷な治療が続きましたが、不思議と効果が現れて奇蹟的な回復を遂げ、二〇一五年八月に退院して今に至ります。ここまで良くなったのは、猫たちの体当たりの恩返しによる奇蹟に間違いありません。

それから病気は落ち着いて現在まで全く入院しておらず、やりたいことができています。退院して動けるようになったら、できるだけ不幸な犬や猫たちを助けようとずっと思っていましたが、それが少しずつですが実行できるようになりました。退院後も体調が良く過ごせるのは、自分が倒れては困るという気力と、彼らの癒しと生きる力のパワーの恩恵によるものに他なりません。

助けたつもりが、実は頑張るエネルギーをもらって助けられていたのだと、振り返ってしみじみ思います。

二〇一九年秋、この度の本の出版ということになって、命のバトンは引き継がれて、今回の本の表紙はチャコの生まれ変わりの尊~たける~が飾りました。闘病中に助けてくれていた最後の戦友ブラッキーが、この本の執筆中に亡くなってしまい、急遽ブラッキーの秘話も載せることになりました。

私は一体、彼らにどんな恩返しができるのだろうか。

病気に負けず、今度こそ精一杯できることからやっていくこと。まずは社会復帰のスタートとして、これまで共に助け合って生きてきたペットたちの愛と勇気の体当たりの恩返しをこの本を通して伝えることにしました。

猫たちの持っているパワーと不思議な能力を伝えることができて、彼らの素晴らしさを理解し、見直していただけたら本望です。

社会の中で最も弱い立場である動物たちが、自分の命を差し出すことも厭わず、飼い主の身代わりとなってまでも守ろうとしたり、亡くなったとしても霊界から助けに駆けつけてきたり、早く生まれ変わって再び今世で助けようとする、いわゆる〝恩返し〟をする動物たちが、実際にたくさんいるのです。

自分の命をも顧みず体当たりで飼い主を助けにやってくるという、動物たちの飼い主への忠誠を誓ったその行動は、常識では考えられないような力強いものがあります。

愛情をもって可愛がったとすれば、必ずペットたちはその気持ちに応えてくれているもの。亡くなって目には見えなくても、時空は関係なく、愛は永遠であり、心の絆は決して消えることはありません。

本書は、「猫の恩返し」のお話が中心で、宝物のような素晴らしい秘話がたくさん含まれています。ペットである身近な動物たちと力を合わせて、逆境を乗り越えて、人生が良い方向に行くことがたくさんあります。

猫や犬たちは人間を支えてくれる動物であって、動物たちと人間は支え合いながら、この地球上で、共に協力して生きているということをわかって下さると嬉しいです。

さあ、動物たちからの愛と魂の絆のメッセージをご一緒に受け取りに行きましょう。
動物たちの恩返しの感動的なストーリーの始まりです。

二〇一九年　秋

ゆりあ

目次

第2章　亡くなった動物たちからのメッセージが届く

第3章　動物は霊を視ている

第4章　テレパシーの想念伝達で対話できる

第5章　生まれ変わってまた会うことができる

第1章　猫たちは体当たりの恩返しをする

難病で生死をさ迷う日々の中で

私が個人的にペットの保護活動をするようになった動機として、まずは私自身のこれまでの闘病生活からのお話から始めようと思います。

中学校時代に自己免疫疾患の難病を発症し、それから今日までの人生の大半は入退院の繰り返しであり、炎症性の病気を抑えるために薬漬けの毎日。明るい青春時代はもとより、普通に暮らせるということも望めず、家にいられるだけでも幸せでした。

小さいころからずっとそんな体でしたが、捨て猫や訳ありの犬を拾っては里親を見つけて譲渡する、引き取り手がない場合は自分で飼ってしまう、ということで、いつもそばには猫と犬がいました。

可哀想な境遇の犬や猫たちは自分と重なり、放ってはおけませんでした。

発病してからずっと一進一退で良くなることはなく、最近では、二〇一〇年の秋に突然に脳梗塞で倒れて、何度も発作を起こして二度入院しました。

これまでにない生死をさ迷う最悪な状態に陥りましたが、あり得ないような不思議な救いがあって奇跡的に回復しました。

助けてくれたのは体当たりであの世から助けに駆けつけてきた、私が以前とても可愛がっていた猫たちでした。私が助けてきたつもりが、一番困った時に反対に助けてくれ続けたのです。

当時は脳梗塞の後遺症で身体の右半身が麻痺して動けませんでしたが、今は、不思議と治って不自由なく暮らしています。

普通に手を使って、あたりまえのことができる、それがいかにありがたく幸せなのかを気付かされたのでした。

けれども本当の地獄は、脳梗塞以降の二〇一一年秋のチャコが亡くなってからでした。脳梗塞自体は治まったものの、身体へのダメージは想像以上で、腎臓など内臓に後遺症が残って、今度は持病の難病が悪化し、ドミノ倒しのように次々と恐ろしい症状に見舞われました。

私の元々の持病は全身の炎症性のものなので症状は多岐にわたります。

脳梗塞の後、持病が悪化して毎日四〇度前後の高熱でうなされ、体中炎症で火傷のようにただれて何度もステロイドパルスなどの強い薬の集中治療の日々。身体はもうボロボロでよく生きているという感じでした。

どうしても入院はしたくなかったので、はじめは外来で最高限度を超えたステロイドや抗生物質などの、炎症を抑える点滴を何度もしてもらいました。

しかし、そんな外来の治療では根本的に治るはずはなく、二〇一三年から二〇一五年にかけての三年間は、ずっと重篤な状態で入退院を繰り返し、半分以上は入院して耐えがたいほどの日々を送ることを余儀なくされました。

衰えを知らない大火事を、大量の消火器の劇薬の猛攻撃で抑えるような感じですが、なかなか鎮火せず、一日中、点滴台につながれたままの状態が三年も続きました。

それでもなかなか炎症が抑えられず、免疫力がほとんどないために今度は強烈な副作用による肺炎、大腸潰瘍、帯状疱疹、腰の膿瘍、腰骨の骨折、極度の貧血などが次々襲ってきました。

亡くなった愛猫チャコが何度も駆けつけて死神を追っ払ってくれた

今振り返ってみると、闘病生活は地獄でした。

私の病気は特定疾患の難病で重症度は一番上。未だに治ってはおらず、薬を沢山飲んで保っています。

医者はもちろん、あらゆる占い師も私が死ぬと断言。誰がみても生きていることが不思議なくらい危険な状態が続いていました。親族や年老いた親、兄弟姉妹からも、長すぎる闘病生活で見放されていたような状態で、一人で病魔と闘いました。


そんな中、生死をさ迷っている時はいつも、亡くなったチャコが何度も駆けつけて、体当たりで悪いものを追っ払ってくれていました。

「チャコちゃん、もういいから……」そう言ってもチャコは何度も何度も死神を追い払うために、やってきてくれました。

「いつまでもこんなことを続けていて意味があるの？　もう死んでも生きてもどっち

でもいい、もう生きることに疲れた。とにかく楽にしてほしい」と、チャコには申し訳ないけれど、目の前にいる死神に問いかけていました。

このまま自分は消えていいのに、目が覚めるとまだ生きている。自分の人生も、とうとう終焉を迎えたと悟りに似た気持ちになりました。

けれど絶対に死ねないと、一方では自分を止めるものがいつも心にありました。それは家でずっと私の帰りを待っていた、当時はまだ生きていた愛犬プーちゃんの存在でした。

プーちゃんは高齢の上、癌の末期で、とっくに死んでもおかしくないのに血を吐いて倒れても気力で生き抜いて私の帰りを待ちわびている。私よりもっとひどく、いつ死ぬかわからないのに気を奮い立たせて待ち続けている。だから先に死ぬことは絶対にできませんでした。

プーちゃんのために頑張って治療をしていたようなものでした。

「お前が死んでも何も変わらない。だが生きて変わることもある」

底なしに冷たい灰色の部屋。そこにあるのは、底知れぬ虚無感。何のために生まれてきたのか。重い病気を繰り返して、それでもまだ生きている。見る影もなくボロぞうきん同然の我が身が、これからどうなるのか途方に暮れていました。

そんな不安と恐怖の中にいると恐ろしいくらいの人間不信に陥ります。もう誰も信じられず、誰も期待できない。

そんな時、昔読んだことのある本のこんな言葉を思い出しました。

「神は誰も救わない。自分を救えるのは自分自身。
死ぬのは自由だ。逃げることはできる。
お前が死んでも何も変わらない。
だがお前が生きて、変わるものもある」
——玄奘三蔵『幻想魔伝 最遊記』一六話

死んだも同然のもらったような命。数々の病魔と怪我に見舞われて何度も死にかけてもまだ生きている。次第に動けるようになってからも、この言葉をいつも思い出すのです。

「お前が死んでも何も変わらない。だがお前が生きて、変わるものもある」

命あっての物種。死んでしまっては何もできない、何も変わらない。けれど、生きているからこそ何かができる。何かを変えることができる可能性がある。死んでもいい死にかけの人間でも、生きている――それだけで何かができるはず。

地獄から這い上がってきたから、失うものも、怖いものもない。だからこそ、自分にしかできないことがきっとある、と確信した瞬間でした。

まだ私は人間だから、愛や思いやりはなくても治療だけはしてもらえる。それに引きかえ何もできない弱い立場の動物たちは、裏切られ捨てられたらそれで終わり。

灰色の部屋で、私はなぜかずっと裏切られて捨てられて保健所に入れられた犬や猫たちのことばかりが、頭の中をぐるぐると駆け巡っていました。

もし病気が落ち着いて動けるようになったら、自分が生きている限り、裏切られた命を一つでも救いたい。動物が好きだからという簡単な理由ではありません。生きて社会復帰できたとしたら、自分だけでも君たちの味方になりたい。そして今度は自分が、これまで支えて助けてくれた犬や猫たちの恩返しがしたい。

自分のことさえ何一つできない病人のくせに、犬や猫のことばかり考えていました。

患者さんが亡くなるちょっと前に、いつもいる黒い服のおじさん

ようやく退院できたと思ったのに、愛犬のプーちゃんが亡くなってしまいました。

それからまた、二〇一四年、私は持病の悪化で入院を余儀なくされます。

今度こそはもう入院しないと思っていた矢先でしたので、非常にショックでした。

またしても毎日四〇度くらいの高熱が続き、体中炎症で火傷のようにただれパンパンに腫れて、目も開かない状態でした。

耐えきれないほどの痛みと苦しみでほとんど動けず、動けたら飛び下りて死んでや

ると思うほど想像を絶するものでした。

激痛というのは、精神を崩壊させます。窓がもう少し開いていれば、飛び下りてでもこの痛みから逃れたい。そんな衝動に駆られるところまで追い込まれるのです。

次々と起こる病魔に脅かされる連続で、もう生きて家に帰ることはできないかもしれないと、本気でそう考えていました。


そんなあきらめの境地で、入院中ほとんど寝たきりでいた時、あることに気付きます。同室の患者さんが、よく亡くなられましたが、そのちょっと前にはいつも同じ人がいる。黒い服を着たおじさんがいるのです。

ある日、その「黒服のおじさん」の正体がわかる時がやってきました。

それは、四〇度以上の高熱が続いてうなされた時のこと。体中が火傷のようなケロイドになっていて、耐えられないほどの激痛の苦しい状態。髪の毛もほとんど抜けて、これまでにないくらい非常に衰弱していました。

ステロイドや抗生物質などの消炎剤の点滴を恐ろしいほどしても、一向に熱が下がる気配もない。体力もどんどんなくなって、起きることすら難しくほぼ寝たきりで、

チャコとプーちゃん

病室の窓ガラスで自分の顔を見ても死相を感じるくらいでした。


そんな状況の時、その黒服のおじさんは、ある日とうとう私の所にやってきました。

「あなたは誰ですか」

そう聞いてみたら
「死神だ」

と答えました。

やっぱり思った通り死神でした。

「では、私は死期が近いんですね。こんなに痛くて苦しいのが続くなら生きていてもしょうがないから、どうぞ連れて行って下さい」

やけくそになってそう言いましたら、首を横に振り、こう答えました。

「ずっと犬と猫が邪魔をするから、無理だ」と。

命と引き換えに死神との契約

すぐに亡くなったチャコとプーちゃんだとわかりました。

私を助けるために、あの世に行っても駆けつけて、体当たりで死神の邪魔をして追い払ってくれていたのです。死神も圧倒されて降参するくらいの力でした。それも全て愛の力。

私は二匹の無謀ともいえる体当たりの恩返しに驚きました。

何度も生死をさ迷って、生きていること自体があり得ないのに、心はすでに死んでいたにせよ、それでもまだ奇蹟的に生きている。それは、寿命ではなく生かされているということに他ならない。

だれにも見えない死神が見えるというのは、死神に魂を売ったようなものでした。なぜなら私は、気付けば人の生死がはっきりとわかるようになっていたから。だから、亡くなる前に死神も見えるようになったということなのです。

死神は最後に、私に向かってこう言って消えました

「寿命はとっくに終わっているおまけの人生だ。生きている間に人の命の生死がわかった時にどうするかは、自分の自由だ。好きなように、生きれるだけ生きればいい」

それは、生かしてもらえた私と死神との契約と言ってもいいでしょう。人が亡くなるとわかった際に、私がどう出るのかは自由と言っているのだとすぐにわかりました。

もちろん人だけでなく、犬や猫など命あるもの全てに言えます。

人生をロウソクの火とすると、そのまま置いていたら消えてしまうのを見ていようが、火が消えないようにどうにかしようが、自由ということが言いたいのは、すぐにわかりました。

人の生死は基本的には言ってはいけないし、わかっても言うつもりもありません。

もちろん寿命というものがあって、運命には逆らえないのかもしれない。でも、どうにかしたら救える命もあるということも経験しました。

死神は、私を生かしてくれる代わりに、恐ろしい選択をしなければならない人生を送るようにしてしまったことを、後になって思い知らされるのです。

二〇一五年の夏、私は死神との契約と大きな修行を終えて、いよいよ退院することができました。病気自体は治っておらず、ずっと治療は続いていますが、現在はなんとか抑えられて入院することもなく良い状態を保っています。

退院してからが私の本当の人生の始まりだったと言えます。

生きていたら、体調が良くなって動けるようになったら、実行しようと心の中に企てていたことを、自由な身になってようやく実行に移すことができるようになったのです。

チャコと瓜二つの虎吉と人生のやり直し

その猫との出会いは突然でした。この出会いがなければ今の自分はないくらいの人生の転機となった運命の猫。この猫がいなければ私の退院してからの本格的な人生が始まらなかったでしょう。今の自分を作ってくれたといえるほどの運命的な出会いでした。

退院して間もない自宅療養中のある日、ふいに見知らぬ猫が玄関から、まるで自分の家のように自然に入ってきました。その猫は、ここでずっと暮らしていたかのような振る舞いで、家の中も庭もすべてを知っているかのようでした。

やって来た翌日には、裏のビワの木にサッと登って写真を撮ってくれと言わんばかりにポーズを取り始めたのです。それは生前のモデル猫のチャコそのものでした。まるでチャコが生きていた時の続きをそのまましているかのようでした。

優李阿《ゆりあ》ブログにもすぐ載せたら、チャコかどちらかわからないくらい瓜二つ。光輪が現れる画像もすごく、チャコの再来を思わせました。チャコは三毛猫のメスでしたが、この猫も三色の三毛猫でしかも極めて珍しいオスでした。私は思いがけないこの不思議な出会いに神に感謝しました。

彗星のごとく飛び込んできた猫はチャコの生まれ変わりに他ならない――そう確信しました。

この神が授けてくれた猫に「虎吉」と名付けて、その日から一緒に暮らすようになりました。

ここからが長い闘病生活で空白だった私の人生の、やり直しの幕開けでした。

二〇一六年三月に虎吉がやってきてからというもの、チャコといた日々にタイムスリップしたかのように、毎日がとても楽しくなってきました。

これまでのように庭のあちこちで写真を撮ったり、いつも一緒にいてたわいもない日々を送ることが生きがいとなって、益々元気になっていきました。

虎吉はチャコに負けず劣らず、モデル猫としてふさわしい美しい猫でした。

優李阿ブログだけでなく、虎吉をたくさんの人に見てもらいたい。そんな気持ちから始めたのが、Twitter と Instagram などのSNSだったのです。

SNSを始めるとすぐにあることに気付きます。

「助けて下さい」「期限○○まで」という文字。保健所に収容された犬・猫は、一定の期間（大体一週間位）をおいて殺処分となる。その間に飼い主や新しい引取り人が現れれば助かるが、そうでなければ、その犬・猫の命はそこで絶たれるという衝撃的な事実を目のあたりにするのです。

さまざまな保健所の動物をサイト「ペットのおうち」で保健所に収容された犬・猫や鳥、その他の小動物などの一覧を見ることができます。

●保健所収容ペット「ペットのおうち」 http://www.pet-home.jp/center/

全国の保健所の犬や猫の可能収容期間など単に情報を載せているだけでなく、すぐに引き取れるように、細かい連絡先なども掲載されています。

インターネットで随時リアルタイムに掲載され、その情報が随時確認できるというもの。カウントダウンで「あと数日で処分されてしまう」という現実の情報です。

この「ペットのおうち」のような保健所収容情報を、SNSで拡散して広める人たちがいます。可能性に賭けて一人でも多くの人々に知ってもらい、一匹でも多く拡散して里親を見つけていくという仕組みで、このような情報を見て「この犬・猫を引き取ろう」と思う人が出てくることもたくさんあり、命を救うことができる大きなきっかけになります。

ペットショップなどで探していた人もこういった情報を知ることで、保健所から引き取ることもあり、殺処分のはずだった犬や猫の里親が見つかり、命を救える機会が

虎吉

増えてくることはとても有意義だと言えるでしょう。

ただ可哀想だから安易に助けたいと無理やり引き取ってみても、情報とかなり違っていたり、実際に飼ってみるととても飼えないからと、またしても保健所に返すケースもかなりあるということを聞き、安易に助けたいというだけでは、反対に命を奪ってしまう危険性も潜んでいることは否めません。


突然やってきた我が家のアイドルの虎吉を載せようと始めたのがきっかけで知った、InstagramやTwitterなどのＳＮＳで知った、保健所収容犬猫の殺処分の現実。

日々更新され毎日収容されていく犬や猫たち。この世の中の恐ろしい状況を垣間見て、愕然としてしまいました。

一週間ぐらいで殺されてしまうかもしれない執行猶予がついた犬や猫たち。何も悪いことはしていないのになぜこんなことになるのか。この世の中にこんなに無慈悲なことがあるなんて。私はこの世の地獄を見てしまった気分になりました。


私の中の「パンドラの箱」を開けてしまった……。全てを救うことはできないけれど、見てしまったからには放ってはおけない。何かできることからしよう。

気付いたら、私も知らないうちにＳＮＳで拡散する仲間に加わっていました。どうにかして一匹でも救えますように……そう念じながら、できることから何かひとつでもすることにしました。

受難の野良猫たち

毎年度、環境省が発表する犬猫の「殺処分数」というものがあります。

最新のデータで環境省は二〇一八年一一月一日に二〇一七年度（平成二九年度）「犬・猫の引き取り及び負傷動物の収容状況」に関する統計資料を公表しました。「平成二九年度」つまり平成二九年四月一日から平成三〇年三月三一日までのデータ。（出典：環境省自然環境局総務課動物愛護管理室「犬・猫の引取り及び負傷動物の収容状況」より）環境省のホームページ　https://www.env.go.jp/nature/dobutsu/aigo/2_data/statistics/dog-cat.html

犬猫合わせた殺処分数は、平成二八年度が五万五、九九八匹（犬：一万四二四匹、猫：四万五、五七四匹）から平成二九年度は四万三、二一六匹（犬：八、三六二匹、猫：三万四、八五四匹）。一年間で全体で約一万二、〇〇〇頭ほど減少したことがわかりました。

全国の統計で、犬猫併せて約四万三、〇〇〇頭ほど、というのが平成二九年度の処分数です。一〇年前は約三〇万頭ほどの処分数だったことを振り返ると、年々、収容数、処分数が減っていることがわかります。

環境省によると、行政により殺処分される犬猫の数は、少しずつではありますが、毎年、減少しています。

長年にわたって、殺処分の問題を見てきている人からすると、ここまで減ってきた、もう一息という感覚かもしれませんが、最近になってこの問題に触れた人から見ると、直近の数字だけ見て四万匹も殺されてるの？　と思うかもしれません。

やはり、かなり減ったと言えども、まだ万単位で殺処分が行われていることは事実なのです。

この数年は犬と猫の殺処分数を比較すると、犬よりも猫の方が四倍くらい多い。

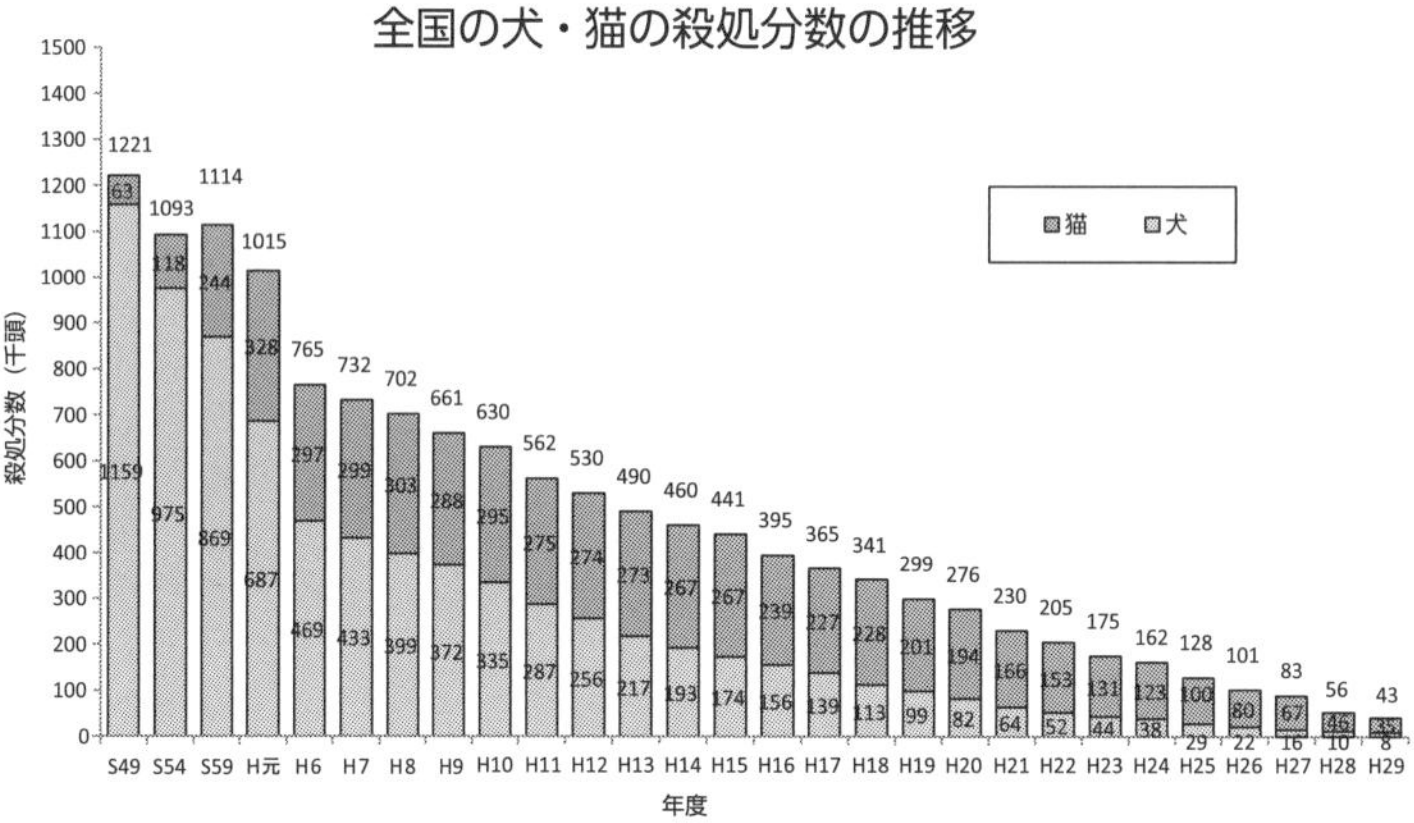

平成二九年度は殺処分数の八〇％を占める三万四、八五四匹の猫が殺処分され、そのほとんどが飼い主不明の猫で、そのうち六二％に当たる二万一、六一一匹が生まれたばかりの子猫なのです。これは殺処分される犬猫の五〇％に当たります。殺されるために生まれてくる命があっていいわけがありません。

空前の猫ブームで、可愛い、飼いたいと人々から熱狂的に愛される猫たち。続々と血統書付きの猫が高額で売られています。

その反面、矛盾しているように見えますが、飼い主を必要としている猫は世の中にあふれているのです。保健所に収容された猫は引き取り手がなければ数日で殺処分されてしまう。

保健所で殺処分される猫の大半は子猫です。生まれてすぐの子猫たちは持ち込まれると即日処分になることがほとんどです。日本のように動物を殺処分する国は先進国ではごく少数派です。

猫が欲しい人はペットショップで買わずに、里親になることを考えてみてほしいのです。血統書にこだわらなければ可愛い猫は保健所にもたくさんいるのですから。

この世に生を受けながら、ほんの数日で名前を付けてもらうこともなく、灰にされてしまう、誰に知られることもなく散っていく命、どうか知って下さい、この名もなき小さな命のことを。

外で暮らす飼い主のいない猫たちは、とても過酷な環境で生きています。野良猫は、人間が遺棄した諸々の理由により作られたのだと私は思っています。人間の都合で遺棄され、さ迷い、捕まれば処分されるという過酷な運命をたどります。
猫たちは野生の動物ではないのに、飢え・恐怖・不安・孤独……といった外の環境と戦いながら生きていかなくてはなりません
居場所のない猫たちは、食べ物をさがし、うろつき寝床をさがして歩き回る。

そんな孤独な彼らのことをすこしでも知って理解して暖かい目で見守ってほしいのです。

野良猫は短命です。野良猫の寿命は、日本でもヨーロッパでも三年くらい、長くて四年と言われています。野良猫の正確な統計などは取りようがないけれども、これは多くの野良猫たちと接しているボランティアたちや獣医師たちの経験による数値です。でも、たいていは一年か二年で死んでしまいます。野良猫に九生はありません。与えられた環境をただ必死に生きているのです。

殺処分される命を減らすためには、飼えないにしてもTNR（野良猫を捕獲して避妊、去勢手術をして元の場所に戻す）があります。

野良猫問題は批判するだけでなく、向き合わなければ蓋をしていただけでは殺処分数は減らない、なくならないことに気付いて欲しいのです。

無責任な飼い主による多頭崩壊も相次ぎ起こっていて、鼬《いたち》ごっこのようですが、飼い犬、飼い猫共に避妊、去勢手術をして繁殖制限をすることで殺処分される犬猫を減らすことができます。

かわいそうな猫たちを増やさないために、どうか外の子にも庭に来る子にも避妊・去勢の手術をしてあげて下さい。そして暖かく見守ってくれると嬉しいです。

だって彼らは、過酷な外ではほんの二、三年しか生きることができないのですから。避妊去勢をすればもう増えることはありません。どうか、一代限りの猫生を見守ってあげて下さい。そんな命を増やさない優しさのある社会に近づいていくことを願っています。

古代ギリシャの医学の父、ヒポクラテスの有名な言葉があります。

The soul is same in all living creatures,
although the body of each is different. Hippocrates,
(それぞれの形は違っていても、生き物には全て全く同じ「魂」が宿っている。
すべての生きとし生けるものの魂はまったく同じである。
それぞれの身体は異なっていても)

ひとりぼっちの可哀そうな猫や犬たちが泣いています。

猫や犬も私たちと同じように一生懸命に生きている。
私たちと同じ大切な命。
彼らのような寂しい命にほんのひとかけらの優しさを分けて下さい。
いじめないで。優しくして下さい。
お願いします。同じ命だから……

動物も人間も、命の重さは同じなのです。
不幸になるために生まれてくる命などありません。
みんな幸せになりたくて、この世に生まれてくるのですから。
色々な形で不幸な犬や猫たちがたくさんいます。
犬や猫は出会う人間によってその一生が決まります。
外の世界で明日をも知れない命は不幸な命。
でも、いったん人の手の中に入れば、幸せになれるかもしれない命。
野良猫に優しい人が増えると世の中はきっと平和になる。

猫や犬たちのことをよく知って、きちんと最後まで愛情を持って飼ってくれる飼い主が増えてきて不幸な犬猫が一匹でも救われて幸せになりますように。

アグリーと呼ばれた野良猫

Ugly the Kitten Story Will Break Your Heart.

「アグリー」のお話が世界のネット上で大変な話題になっています。

原文の翻訳です。

私の住んでいた団地のみんなが、アグリー（醜い）のことを知っていました。アグリーはその団地に住み着いていたオスネコでした。

戦うこと。ゴミをあさること。愛。これら三つのことをアグリーはこの世の中で愛していました。

それらはすべて相まって外で過ごす生活のアグリーにとって影響があったのです。

まず、彼には眼が一つしかなく、もう片方は大きく穴が開いたままでした。それに同じく片方の耳もなく、左足は一度折れてゆがんだままで、まっすぐ歩けず、いつも角を曲がっているかのように歩いていました。

しっぽは随分前に失っていたようで、短く切れ残った跡をいつもピクピク動かしていました。

アグリーはダークグレーのトラネコだったのですが、頭と首はただれで覆われていて、肩には黄色がかった分厚いかさぶたがありました。

アグリーを見る度に、「すごい醜いネコだ！」とみんな口を揃えて言いました。

子どもたちはアグリーに触らないように注意されていて、大人たちはアグリーに石を投げつけたり、アグリーが家に入ろうとしたらホースで水をかけたり、それでもあっちへ行かなければ玄関の扉で彼の前足を挟んだりしました。

しかしアグリーはホースの先を向けられた時はいつも、相手が水をかけるのをあきらめてしまうまで、その場に立ち止まって濡れ続けました。

物を投げつけられた時には、ゆるしてもらえるようにやせ細ったカラダで足元にすがりつきました。

子どもを見つけた時には走り寄って行き、ミャーミャー鳴きながら手のひらに頭をこすり寄せて一生懸命に甘えました。

もし抱き上げてもらえると、すぐにシャツでもイヤリングでも何でも口先で哺乳するよう吸いついてきました。


ある日のこと、アグリーは近所に住むハスキー犬に近寄って、噛みつかれて大けがしたのです。私のアパートの部屋から彼の大きな悲鳴が聞こえたので急いで助けに行きました。行ってみるとアグリーは瀕死の状態でそこに横たわっていました。

血まみれで、後ろ足と腰はめちゃくちゃにねじれていて、胸の白い毛皮は引き裂かれていました。

私がアグリーをすぐ抱き上げて部屋につれて帰る途中、彼は苦しみでヒーヒー、ゼーゼーとうめき声をあげていました。私は彼を余計に苦しめてしまっているかもしれないと思いました。

ところが次の瞬間、私の耳に口先で哺乳するよう吸いつき始めたのです。アグリーはひどく傷ついていて、苦しんで、おそらく死んでしまうのに私に甘えたのでした。私は彼をもっと抱き寄せると、今度は頭を私の手のひらにこすり寄せてきました。そして、彼はゴールドの片目で私をじっとみつめながらゴロゴロと鳴き始めたのでした。激痛を感じながら、戦って傷ついたネコは私の愛情とちょっとだけ同情を求めていたのでしょう。

私はアグリーがとても美しく、愛おしい生き物だと思いました。これまでも私に噛みついたり、引っかいたり、逃げだしたりすることもなく、何も困らせることはしませんでした。その時、アグリーはただ完全に私を信じて、私をじっと見上げて痛みを紛らわせていたのです。

アグリーはアパートの部屋に着く前に、私の腕の中で死にました。私は部屋に着いてイスに座った後も長い間、この傷ついてボロボロの野良ネコがどうして、本当の純粋な精神や愛の意味について、私に考えさせているのかを思い巡らせながら、ずっとアグリーを抱き続けました。アグリーは千冊の本、どんなレクチャーや特別なトークショーよりも、与える心と思いやりについて教えてくれたのです。そして私はその教えに感謝し続けます。彼はいつも傷ついた外見でいましたが、私は心の中が傷ついていた訳で、そして、心すべてを愛する人々に与えるために、私がそれからもっと本当に深く人を愛することを学ぶ番だったのです。

多くの人は金持ちになったり、成功したり、人から好かれたり、美しくなりたいのでしょう。しかし、私はいつもアグリーになれるよう努めていきます。

参考　https://www.youtube.com/watch?v=W2SORqUVFn8

この物語がネットに登場したのは二〇一〇年の頃です。

この話は作り話だとも言われてもいるそうですが、たとえアグリーの存在が架空のものだったとしても、アグリーのような受難の野良猫が、誰の目にもとまることなく消えていく。こんな小さな命たちが、星の数ほどいる。そういう冷たい世間のことを総称してアグリーのような野良猫を通して訴えているのだと思います。

アグリーは世の中の醜い弱い立場の代表として、抽象的に描かれているだけなのです。動物の命が、人の命よりも劣るなどとは、建前では誰も口に出しては言わないでしょう。

物語の中で、アグリーを最後に見送った人も、共感するあなたと同じやりきれない気持ちだったと思います。

命の重みは、全ての生き物に対して平等であるはずです。とは言え、心では感じても、行動に移すのは容易ではありません。冷たい世間では、一般的に弱い立場の者は、アグリーのような悲しい運命をたどることがほとんど。

ただ、私が願うのは、アグリーのような悲しい運命を他にも与えないようにするためには、この話を聞いて抱いた感情を、少しでも多くの人たちが分かち合えるようにすることではないでしょうか。それが、微々たることで何も変わらないと感じても、何かを始めなければ何も起こらず、そして何も得られません。

アグリーの話で、マザー・テレサの言葉を思い出しました。

「もし貧しい人々が飢え死にするとしたら、それは神がその人たちを愛していないからではなく、あなたが、そして私が、与えなかったからです。神の愛の手の道具となって、パンを、服を、その人たちに差し出さなかったからです。キリストが、飢えた人、寂しい人、家のない子、住まいを探し求める人などのいたましい姿に身をやつして、もう一度来られたのに、私たちがキリストだと気づかなかったからなのです」


見かけに騙されず、奉仕の心をもつ人々を、神はしっかり見ているのです。どんなみすぼらしい姿で現れたにせよ、それを受け止めて、今、自分にできることはする、という姿勢が大事なのではないでしょうか。

素姓の知れない他人は、常に神であるかもしれないという可能性を持った存在なのです。

みすぼらしい姿で現れるという意味は、人間世界の価値観の排除でもあるでしょう。目に見えて神にふさわしい豪奢な姿で現れれば、それが神でなくても誰もが付加価値を期待して、親切な扱いをするはず。神が正しい存在だと信じるならば、神が自らの威光を誇る必要はどこにもありません。

神は人として正しいものに恩寵を与えるのならば、身分を偽る方がずっとその人の心の正しさを知ることができるから、そのようなみすぼらしい形でお出になるのではないでしょうか。

醜いという設定のアグリーは、その中に神が介在し、表面的な醜いものに対応する人の本質、人となりを試しているのではないでしょうか？

不幸な猫を助けるほど人生が好転

小さい頃から病気がちでしたが、身の周りにいる猫たちだけにはどうにか私にできる範囲のことをしていました。でも振り返ってみると助けたつもりが、自分の方が救われていたと今更ながら思います。

ずっと支えてきてくれた猫たちは数知れませんが、私の心にしまっておいた誰にも言ったことのない、恩返しをしてくれた野良猫の話があります。思い出すだけでも胸が苦しくなるので封印していましたが、今回お話しすることにします。

病気のため一〇年遅れの三〇歳手前で入った、家から通える大学に自転車で行っていましたが、普通に入った学生と年齢が離れ過ぎていたせいか、ドライな今どきな大学生と話がほとんど合わず、必要以上には大学に行きませんでした。

キャンパスの裏にはたくさんの野良猫がいて、大学に行くのは、半分猫たちに会いに行くようなものでした。

可哀相とも思わないのか学生はほとんど汚い野良猫に興味がなく、掃除のおばさんや職員の方々から、たまにフードをもらったりしてどうにか生きていました。

環境もとても悪く、栄養失調からくる猫風邪か、眼は大体皆おかしく、見るからに虚弱な感じの子ばかりでした。

成猫も仔猫上がりくらいの大きさしかないのも多く、一年以内にはいなくなってしまうという状況でした。

自宅にも猫がたくさんいたので、その場所でできることはしようと決めていました。

それから事件は起こります。入学当初、たくさんいた野良猫たちが、みんな同じように皮膚がただれて、数カ月のうちに半数以上がいなくなるという非常事態が起こりました。体中ただれて、毛がほとんどなくなり、しわしわの皮膚になった子は、次々と姿を見せなくなっていきました。全身やけどみたいな感じで亡くなっていったのだと思います。

どうにかしないといけない――。

切実な気持ちになりました。

当時、私も顔の右側がただれる皮膚の病気になって治療していて、何だか自分と重なって他人事ではありませんでした。

皮膚科をたらいまわしで調べてもらっても、なかなか原因がわからず、どんどんひどくなって、顔の右半分がお岩さんみたいに熱をもってとても痛く、赤黒くなってしまいました。

半年以上たってようやく診断がついて、深在性ループスという病気からくる難治性の皮膚病で一生治らないかもしれないと言われて、かなりショックでした。

炎症を抑えるしかないのでまたステロイドの点滴攻めでしたが、全く効かず、人に見られるのが嫌で、いつもマスクをしてうつむき加減で人目を避けて隠れるように生きていました。色々病気をしてきましたが、目に見える顔の症状は、人目も気になって、とことん精神的に追い込まれました。

でも、この猫たちをどうにかして助けなければならない。このままだとみんな死んでしまう。まずは、何の病気か診断してもらおうと、知り合いの獣医さんのところに、猫たちの写真をもっていくと、疥癬に違いないと言われました。

良心的な先生で、この状況を聞いて、とても安く薬を下さり、猫たちに牛乳に混ぜて、何度か期間をおいて飲ませました。この薬はとてもよく効いて、残っている猫たちは、毛が生えてみるみる回復してきました。

当時、そこでとても可愛がっていた猫がいました。ミミと呼んでいたグレーの一歳くらいのメス猫でしたが、虚弱で生後三カ月くらいの大きさしかありませんでした。

その猫の疥癬はとてもひどく、毛はほとんどなくただれていましたが、少しずつ毛も生えて体力もついてきました。捕まえて家に連れて帰ろうと思いましたが、なかなかすばしっこくて捕まえられませんでした。

薬をしっかり飲んで、皮膚が再生してとてもきれいになって、嬉しかったことを覚えています。でも、これがミミの生きた姿を見た最後でした。

ある程度、猫の疥癬の治療を終えて、夏休みの間、私自身が集中治療で入院することになりました。あまり期待していませんでしたが、新しい薬に思いがけず効果が出て、ウソみたいに炎症が引いて治ってしまったのです。

二年間治らなかったひどい皮膚病がこんなに簡単に治るなんて。思いもよらないできごとに驚いて、感謝の気持ちでいっぱいでした。

入院して二カ月近く大学に行けずにいたので、帰ったらミミをどうにかして家に連れて帰ろう、そう思ってすぐに、いつものキャンパスの裏に行ってみましたが、どこを探してもミミはいません。

授業があって、夜また探してみようと思い外に出たら、暗闇の中にミミが待っていました。

「ミミ！　良かった〜。うちに一緒に帰ろう」

捕まえようとすると、ミミが走って逃げるので、急いでついていきました。ずっと追いかけていくと、猫道みたいなところを通って、とても狭い建物と建物の間に入っていきました。そして、ミミはそこでようやく座ってくれたので、こっちへおいでと、捕まえようとすると、笑ったような顔をしてスッと消えていきました。

その時、耳に聞こえる声ではない想念、テレパシーで心の中に突き刺すような感じで確かに聞こえました。

「ありがとう。良かったね」と……

そして、懐中電灯をもっていたので、下を見て愕然。

ワ～と言って泣き叫びました。そこには数日前に亡くなったであろう小さなグレーの猫の亡骸が横たわっていました。生きているときには触れなかったミミでしたが、触れたのは最初で最後。亡骸は蜘蛛の巣の糸にまみれていましたが、疥癬は良くなって、毛はふさふさでした。虚弱だったので何かほかに病気があったのでしょう。夏の暑さに耐えられなかったのでしょうか。可哀そうに。

亡くなっても霊になってお礼を言いにきたのです。なんで、どうにかしてでも捕まえて早く連れて帰らなかったんだろうと、後悔の念で涙が止まりませんでした。

フッとその時、ミミが亡くなったのと私の皮膚病が良くなっていく時期とが一致し

思い出の野良猫たち

ミ ミ

ていることに気づきました。

もしかしたら、自分の難治の皮膚病が急に治ったのは、ミミのお陰かもしれない。そうでないと治るはずがない。ミミがあの世に一緒に持っていってくれたんだ。そう確信しました。

一歳になったかならないかくらいで、野良猫のまま暖かい家庭の味も知らず亡くなってしまった。ミミの亡骸をうちにもって帰って埋めることにしました。自分にしてやれることはそのくらいしかありませんでした。

「好きで野良になった訳じゃないのに、頑張って生きたのにね。

楽しいこと少しはあったの？」

そう亡骸に問いながら、裏庭に埋めてやりました。

冬はとても寒く、夏はとても暑く過酷な環境だったでしょう。

そんな夏を乗り越えて必死に生きて、やっと穏やかな季節が来たのにひとりぼっちで死んでしまった。生きることが精一杯で、したいこともできなかったよね。

当たり前だけど、もっと生きたかったと思う。

いつも転機には、そばに動物たちがいた

その話を、ミミのことを唯一知っている友人にだけ話したら、

「猫は亡くなる時に、飼い主の不幸を持てるだけ持って行こうとするんだって。ミミちゃんは、唯一可愛がってくれたあなたの病気を一緒に持って行ってくれたんだよ」

と言ってくれました。

ミミは飼った猫ではありませんでしたが、自分が亡くなる時に、私の一番の悩みの病気も一緒に持って行ってくれたんだろうと思います。

そんなこと頼みもしませんでしたが、猫なりに自分と同じ皮膚病で悩んでいる私が不憫に思えたのかもしれません。

それから、難治の皮膚病は再発することなく、その後は無事に大学も卒業できました。すべてはミミのお陰。助けたつもりが助けられたのです。

「こんな小さな虚弱な体で、よく頑張った。

今度は飼い猫で生まれ変わってくるんだよ。

できればうちにおいで。楽しく一緒に暮らそうよ」

私は、ミミにそう伝えました。

私はミミの一生を変えてやることができなかったことを、心より後悔しました。


これまで出会った猫たちも、転機や危機など、私の人生と大きな関わりを持っていました。ご縁のある猫は、みんな使命をもって生まれてきた、必然で出会った、神が授けてくれた猫なのだと実感しています。

いつも転機にはそばに動物たちがいて、私自身、動物たちの助けがなければ、色々な修羅場を乗り越えることはできなかったと言い切れます。

私は、これまでの経験から、背負えば背負うほど、不思議なほど運気が回ってくるのを感じています。

あれだけ大病をして、今現在、普通の暮らしができることも奇蹟です。元気で動けないと助けることもできませんから。

大変なことを承知で、絶対に引き取り手がない犬や猫を引き取ったあなたには、大きな陰徳が因果関係で巡り巡って帰ってくる。不幸な犬や猫を預かるほど、不幸度に比例して、あなたに幸運が舞い込んでくる。

神も仏もあなたに賛同し、この犬や猫たちと同じように死ぬか生きるかの切実な時にその意味がようやくわかるでしょう。

医者も身内も皆見捨ててあの世から這い上がった、今も生きている私が身をもって経験してきたのですから。神が教えて下さったその意味を、いま噛み締めて、この世で生きている限りはその恩返し、できることはしたいと思っています。

境遇が不幸な犬や猫ほど運を持っています。みんな神が授けてくれた犬猫なのですから。

思い切ってその大きな負を救うことは、陰徳となって、あなたに大きな幸運がもたらされるはず。神はよく見ています。そして幸運の連鎖は続きます。

長靴をはいた猫

小さいころから、童話が好きでよく読んでいました。特に猫が登場する『長靴をはいた猫』はお気に入りの童話でした。子供の時の感覚と違って、大人になってから改めて読んでみると、そこには深い教訓があることに気づかされました。

『長靴をはいた猫』というお話はヨーロッパに伝わる民話で、裕福ではない家庭で育った少年が一匹の猫と出会い、その猫と一緒に過ごすことで幸福を手に入れたお話です。

ヨーロッパに伝わる民話『長靴をはいた猫』は、世界各地に類話があります。ここではもっとも有名とされている、フランスの詩人シャルル・ペローが執筆した童話集におさめられている作品のあらすじを紹介しましょう。

あるところに粉挽き職人と三人の息子がいました。粉挽き職人が亡くなり、息子たちに遺産が分配されます。

長男には粉挽き小屋を、次男にはロバを、そして末っ子の三男には一匹の猫が割り当てられました。

三男が「こんなもの腹の足しにもならない」と嘆いていると、なんと猫が話しかけてきます。「大丈夫ですよ、ご主人様。私が必ずあなたを立派にしてさしあげます！」

ところが、この猫はとっても偉くて、ひとの話がわかるのです。

猫は主人に「がっかりしないで下さい。私に、長ぐつを一足作って下さい。それから、口を閉められる袋も下さい。あとは私におまかせ下さい」と言いました。

粉屋の三男は、猫の言うことを全部信じたわけではありませんが、賢い猫だと思って、長ぐつを作ってあげました。

まず猫はウサギを捕まえて袋に詰めると、長ぐつをはいて、王様のもとへ持っていきます。

「このウサギは我が主、カラバ侯爵から王様への贈り物です」と言いました。

「カラバ侯爵」というのは猫の飼い主である三男のことで、これは真っ赤な嘘なのですが、それ以降猫がたびたび献上物を持ってくるため、王様は「カラバ侯爵」に好印象を抱くようになりました。


そんなある日、猫は三男に対し、川で水浴びをするよう伝えます。三男が言われたとおりにしていると、そこに王様と、娘の王女がやってきました。

すると猫は、「カラバ侯爵が水浴びをしている最中、大切な服を盗まれてしまった」と王様に言います。

王様は、水浴びをしている男こそがいつも貢物を持ってきてくれる「カラバ侯爵」であると知ると、三男に衣服を与えました。

それから「カラバ侯爵」の邸宅へ王様たちを連れて行くこととなり、猫が馬車を先導します。

その道すがら、猫は百姓に出会うたびに「ここはカラバ侯爵の土地であると言え、さもなくば八つ裂きにしてしまうぞ」と言って回りました。

本当は「オーガ」という怪物が治めている土地でしたが、八つ裂きにされたくない百姓は従うしかありません。

猫の後ろに続く王様に「ここは誰の土地か」と問われると、「カラバ侯爵の土地でございます」と応じ、王様は広い領地を持つカラバ侯爵に感心するばかりなのでした。

そして一行が到着したのは、怪物のオーガの邸宅です。猫はオーガをおだててライオンや象に化けさせると、「いくらあなたでも、小さなネズミにはなれないでしょう?」と挑発をします。誘いに乗ったオーガがネズミになると、猫は捕まえて食べてしまいました。こうしてオーガの邸宅を奪った猫は、そこを「カラバ侯爵の城」として王様と王女様を迎え入れるのです。

三男はもともと育ちがよく、優しい性格をしていたため、王女はしだいに彼に心惹かれるようになりました。王様の提言もあり、やがて二人は結婚し、幸せになったといいます。

そして猫もまた、貴族へと取り立てられました。

※『長ぐつをはいたネコ』　ペローの童話、マーシャ・ブラウン絵、光吉夏弥訳
岩波書店　一九九六年
長靴をはいた猫　出典…フリー百科事典『ウィキペディア（Wikipedia）』

⁂

フランスの詩人のシャルル・ペローは日本では『ペロー童話集』の作者として有名です。後に、グリム童話集にも『靴履き猫』という題で紹介されていますが、日本で何度もアニメーション化され、子供たちに愛される作品です。

⁂

長靴をはいた猫も「猫の恩返し」のお話です。

二人の兄に遺産を（猫以外）全て持っていかれてスカンピンな末っ子の主人。この物語の若者は自分でかけひきをしたり、世渡りの術を発揮したわけではなく、猫のするままに任せただけ。

なによりも末っ子の遺産の猫そのものが、兄たちの受け継いだ粉ひき小屋やロバよりずっと大きな遺産だった。

その猫にこそ価値があったのです。残り物には福がある。本当に大切なものは目に見えない。

当時は長靴つまりブーツをはいていた、それだけでも誰でも貴族と見なすことができたという時代背景がありました。そこで何も力のない猫が長靴をはくことによって、表面的に貴族になりすまし、見かけの権力を使って、飼い主に福を与えることができたのです。

見かけの印象だけでは、そのものの本質的な力量は測れない。兄たちが譲り受けた粉挽き小屋やロバは、仕事に使うこともできるし、確かに価値のあるものに思えます。しかし最終的には三男が受け取った猫が、持ち主をもっとも良い方向へと導いてくれました。

一見何の役にも立たなそうな猫ですが、表面的な見た目だけでは本質を測ることはできないことがこのお話でわかるでしょう。

本当に大切なものは目に見えない

サン・テグジュペリ著の『星の王子さま』の中で、別れの間際にきつねが王子さまに言う台詞で、

What is essential is invisible to the eye.

「本当に大切なものって目には見えないんだよね」

という言葉があります。

「大切なものは目に見えない。肝心なことは、心の目で見ないと見えないんだよ」

大切なものは目に見えません。実際に最も肝心で大切なものほど目には見えない形をとることがほとんどであり、目には見えなくても確かに存在するものであって、目に見えるものより崇高で大きく偉大な力を持っています。命、魂、空気、気持ち、意識、心、思い、愛、空気などは目には見えませんが、確かに存在します。

こういった目には見えないものを重視した豊かな価値観を、私たちは昔は誰もが持

っていました。

私たちは今、もう一度目に見えないものを重視した価値観を思い出す必要があるのではないでしょうか。幸せに豊かに生きるのにも目に見えないものを心で感じる心眼力が必要です。

人が美しいのは、その人がたくさんの苦しいこと、嬉しいこと、悲しいことなどの経験を積んできたから。自然が美しいのは、すべての生きとし生けるものが命をもって調和して生きているから。

手作りが美しいのは、作った人の思いと愛情がこもっているから。故郷が美しいのは、昔のなつかしい思い出がつまっているから。ペットが可愛いくて愛《いと》おしいのは、そこに愛があるから。

これらはすべて目に見えないものです。

人間は、便利になった文明の利器の代わりに、目に見えない大切なものを失ってしまったようです。

「大切なものはね、目には見えないんだよ。目では見えない、心で探さないと」

星の王子さまは、未来の人間たちにそうなることを危惧して語りかけているのかもしれません。

第2章

亡くなった動物たちからのメッセージが届く

この世は修行の場、いかに現世で徳を積むか

人生とは、例えると一本のロウソクのようなもの。

自分自身の小さな火でも、世の中を明るくする可能性を秘めている。

風が吹いて、消えかけているロウソクがあれば、自分の火を使い、再び火を明るく灯すこともできる。輝ける光が次々生まれると、この世はさらに明るくなってくる。

自分の火を、他の場面で活用していくことで、世の中を明るくできるはず。

あなたの一本のロウソクの火で、消えかかった火を助けたり、新しい火を灯したりすれば、周りに飛び火して灯っていき、世の中はどんどん明るくなります。そして、辺りじゅうに灯された光があなたを囲み、幸せに包まれてくるでしょう。

一つの小さな火でも、世の中を明るくできる大きな可能性を秘めています。

たった一度の人生でも、社会を大きく変える力がある。あなたのロウソクの灯で、消えかけた火を灯して救える命がある。

人生の一生は走馬灯のようなもの。どうせなら、有意義な人生を送って、明るいロ

ウソクの炎をずっと灯し続けて、最後を振り返る時、幸せな走馬灯で終わりにしたいものです。

昔、入院中に知り合った同じ病気の子がいました。

私よりも一〇歳は若かったのですが、ある日突然、意識不明の重体になったのです。

医者はかなり深刻な状態とみなし、家族もみな彼女の「死」を覚悟していたのだ。

二～三週間くらい意識不明の重体が続きましたが、その時はなんと奇跡的に意識を回復しました。

奇跡的に九死に一生を得た彼女が私にこう語ったのです。

「死ぬ前に人生が走馬灯のように駆け巡るって話……あれは本当よ」と……。

そして、さらに三途の川は本当にあることも、広くて浅いその川の向こうでたくさんの人がこっちへこいと叫んでいた。でも足が重くなって行けなかった。

そして、幽体離脱の話もしていました。自分が寝ている間に病室の上から人が入ってくるのが見えて、誰々がきて、私がもう死ぬとか、こんなことを言っていたこともありました。

私に一生懸命、自分の体験を語りかけていたことが印象的でした。

しかし私が退院してから、数週間後、彼女は本当に三途の川を渡って亡くなってしまったのです……。

言うまでもなく無念だっただろう。若い時から病気ばかりで、学校もろくに行けず、普通のことが何もできなかったのです。

私と同じように彼女の心の支えは猫だった。

いつも自分の猫のことばかり言っていて、帰って飼い猫に会いたいとそればかり。

そんな小さな願いも最後は叶ったのだろうか。

なんとなく、亡くなったと言われた日時に、「またね」ってお別れに来た気配がした。

自分も人生の大半は病気ばかりだけれど、今は家で普通に暮らしている。

それだけでいかに幸せか……。

私は色々な人を見てきて、人一倍わかっているつもりだ。

誰もが死の直前に、自分の人生のすべてが走馬灯のように駆け巡るということは私の体験によると真実です。

例えば、自動車に跳ね上げられて、道路に落ちるまでの数秒間に「人生の走馬灯」で人生の全てを思い返すもの。

息を引き取る瞬間の、最後の息を吐く瞬間に思い出す、などを心肺停止から蘇生した人が語っています。

ほんの数秒間に全てを駆け巡るのです。


入院中にいやというほど、そんな体験を聞いてきました。

私は、これまで何度も何度も生死をさ迷っていますが「人生の走馬灯」の体験はまだありませんので、まだ寿命ではないのでしょう。

自分が長いと感じている人生も、もしかすると数秒間ですべてが再生されることになるのかもしれない。人生はロウソクの火が灯って、消えるようなもの。この世のどんな出来事も、宇宙規模から見れば、ほんの一瞬のことに過ぎないのかもしれません。

死ぬ瞬間ではなくても、病床で意識がまだあるうちにゆっくりと人生を思い返せる人は、幸福な人生だったのかもしれません。その時に、「反省」と「感謝」の思いを自分が持つことができると、きっと天国行きは間違いないのではと思います。

これまでの闘病生活で人生最後を迎える人をたくさん見てきて思うことは、この世でできることは全てしてしまうべきだということ。生きている時に完全燃焼してこそあの世につながる。

現世で得た物質的なもの、お金、不動産、宝石、貴金属、私物など全ては、死んでもあの世へは持っていけません。人間は生まれてくる時は裸、死ぬ時も裸です。死ねば、この世で手にしたものは、何一つあの世へは持っていけないのです。

あの世での死者にとっては、富も名声も関係なくなってしまうとしたら何が残るのでしょう。自分が死んだら、あの世に持っていけるものはただ一つ、自分の魂（心）です。

生前の善や悪の行いだけ、この世での経験のみです。つまり、生きていた時の「徳」なのです。この「徳」だけは、あの世に持っていくことができます。

この世（現世）はあくまでも、修行の場です。いかに現世で徳を積むかが、死を迎えるまでの課題になります。あの世に帰るのにも、この世での生き様次第で、以前いたあの世の同じ世界に帰れる訳ではありません。

この世に生まれるということは、過去世の修行の続きをするためと、罪の償いのためと、新たな徳を積むためです。この世での人間としての生きざまが、魂の値打ちとして神に評価されるのです。

プーちゃん、一六年半のありがとう

その犬は、ゲージの隅でずっと震え続けていました。

プーちゃんとの出会いは、衝撃でした。

第一印象は、病気で苦しんでいる自分と瓜二つ。

飼い主に捨てられ、痛い治療の連続で心を閉ざして、誰も信用していない諦めきった眼。

運命的な不思議な出会いを一目で感じました。

当時はうちには猫だけで犬はおらず、猫の薬をもらいに、動物病院に行った時に、奥の方で吠えている犬がいて、とても気になったので、見せてもらうことにしました。

それがプリンことプーちゃんとの出会いです。その時は、まだまだ皮膚ケロイド状態でかなり調子が悪く、キッそうで動けず横になっていました。

プーちゃんは当時一歳でしたが、生まれつきのニキビダニというひどいアレルギーで、毎日、病院で治療ばかりの日々。病気は違いますが、私と治療法が似ていて、炎症を抑えるステロイドや消炎剤、強い抗生物質の大量投与など、劇薬を使った治療で薬漬けの状態。それはまるで、自分を見ているかのようでした。

出会った当初、皮膚は火傷を負ったようなケロイド状で、毛がほとんどありませんでした。

とくに頭のところはひどくて、大きなかさぶたがあったのが取れると、毛がごっそりとなくなって陥没し、地肌が赤くむき出しになっていて、重症だということはひと目見てわかりました。

当時はこげ茶色のプードルは珍しかったらしくて、遺伝的に身体が弱かったのでしょう。ペットショップから高額で買った飼い主も、これだけ治療しても治らないのだったらもういらないと言って、安楽死を希望してきたそうです。

女性の獣医師のM先生は、「まだなんとか生きているのだから、最後まで治療させて下さい」と言って、その飼い主から引き取られました。でも、本当のところ、あまりに重症のため助かるとは思っていなかったそうです。

周期的にそこの病院に私の猫が通っていたので、とても気になって、その度ごとにそのプードルの様子を見に会いに行っていました。

「頑張って治療して、落ち着いたら、うちにおいで」といつもテレパシーで語りかけていました。すると、頑張るぞと言わんばかりに首を上げてジッと私を見つめていました。

飼い主に見捨てられたこの犬は、そこで生きる意味を見つけたのだと思います。それからは、病は気からか、行くたびにどんどん回復しているのが目に見えてわかってきました。

ずっと治療は続きましたが、気丈なプーちゃんの頑張りがきいたのか、先生の治ってほしいという願いが通じたのか、生死をさ迷うほどの危篤状態だったのに、二カ月後には病状が奇跡的に落ち着いてきたのです。とりあえず譲渡可能になったので、我が家で引き取ることになりました。

とは言え相変わらず薬漬けだし、一生治ることがない難病なので、「一年間生きるかどうかわからない。でも、ちょっとでも家庭に入って幸せを味わうことができたら、それだけで本望」と先生はおっしゃいました。今思えばそれは、半分は看取りという意味での引取りだったのだと思います。

ゲージの隅で震えていた犬は「プリン」という名前に。プーちゃんと呼ばれて、田舎の我が家で、本当の犬生を歩みだしました。

「私もあなたも病気持ちだけど、お互い支え合って生きていこうね」

プーちゃんを迎えにいった時のことは未だに心に焼き付いています。私をジロッと見たので、こう言いました。

「これからよろしく。私もあなたも病気持ちだけど、お互い支え合って頑張って生きていこうね」

そこで、プーちゃんからの想念がテレパシーで来ました。

「あなたが気に入った。だからずっと生きて一緒にいるわ」

そう言って胸に飛び込んできました。毎日つらい治療の連続で心を閉ざしていた犬が、すべてを許して、氷山のような心が溶けた一瞬でした。辛い闘病と人に見捨てられた運命共同体の同士は出会った瞬間に意気投合しました。

それから片時も離れず一緒にいました。他に全く興味がなく私に異常に執着のある犬でした。一年、生きるかどうかわからないと言われていたのに、最初の言葉通り、頑張って一七歳半も生きて、我が家の歴代のペットのなかでも最高齢記録となりました。

不安でずっと震えていた犬は、安住の地を見つけたからか気持ちが満たされてきたからか、みるみる見違えるほど元気になって、M先生もビックリされるくらいプーちゃんは元気でたくましい犬になりました。

普通の家庭犬としての時間が、家族の笑い声と共に穏やかに流れていきました。我が家での生活が楽しくて張りがあるのでしょう。周りが自然に恵まれ、仲良しの猫のチャコちゃんも一緒にいて、環境がよっぽど良かったのだと思います。

それからM先生は亡くなられる直前まで、毎月、プーちゃんの持病が再発しないように、十数年に渡って定期的に注射をずっとし続けて下さっていました。病気の子を渡しても最後まで責任を取るという素晴らしい先生でした。

しかし、先生のほうが先に、若くして急に亡くなってしまい、ショックでした。そんなこと思ってもみないことでした。


プーちゃんは一三歳のときにお尻の癌になってしまったことがありました。高齢ですので、麻酔をしたまま亡くなってしまう危険があると先生に言われ、手術はどうしようかと悩みました。

でも、まだ体力があるからと、危険を承知で手術をしてもらったのです。気丈なプーちゃんは、その癌をも完全に克服して元気を取り戻しました。手術台の上から一人で飛び降りてきて、外に出て家に帰ろうとしたそうです。その驚異的な生命力に、先生はビックリされていました。

プーちゃんが大きな手術を終えて、無事に家に帰ってきたものの、二〇一三年から今度は私の方が、持病が悪化して入退院を繰り返すことになりました。

そんな入院中のある日、母から電話がかかってきました。プーちゃんが私のことを探し回り、脱走して困ると訴えるのです。そして、

「お乳の腫瘍が大きくなって、あんまり元気がないのよ。退院するまで間に合わないかもしれないから、頑張って治療して早く帰ってきなさい」

そう言われて、プーちゃんの癌の再発が深刻なことに自分のことよりショックを受けました。

今は、自分が治ることだけを考えよう。とにかく、早くプーちゃんの待つ家に帰りたい。それからの私は、心を入れ替えてつまらないことは考えず、一刻も早く退院できるように、頑張って前向きに治療に取り組むことにしました。

身勝手な人間と違い、犬というものは、飼い主がどんな状況になっても全く変わりません。純粋な心を持ち続けて、飼い主に従順です。つらく悲しい目にあえばあうほど、そのことがよくわかりました。

プーちゃんは全身全霊で私を守ってくれた

二〇一三年の夏から、私はまた一年間ほとんど入院していたのですが、ようやく病状が落ち着いてきて、二〇一四年の六月に一時でしたが退院することができました。

私が自宅に帰ってくると、プーちゃんはもう耳がかなり遠いのに、テレパシーでわかるのか、尻尾をちぎれんばかりに振りながら玄関から飛び出してきて出迎えてくれました。長い間待っていたのに、逃げられてはいけないと思ったのか、私のそばから離れることなく、ずっと近くで見張っていました。

プーちゃんは高齢でしたので、足が変形して歩き方もおかしく、ガニ股でやっと歩いている状態でした。両眼も白内障で白く濁ってしまっていて、よく見えていないようでした。

それでも、私の行くところにはどこでもついてくるのです。こんなにも小さな身体なのに、全身全霊で私を守ってくれているのがありありとわかりました。そんなプーちゃんがとても愛おしく思えました。

ところが、家に帰ってすぐ、お風呂に入れて洗っている時に気づいたのです。右のアゴからのどにかけて、大きな腫瘍ができていたのです。お乳には昔からしこりがありましたが、入院していて長期的に家にいなかったために、その腫瘍には気づいてやれず、愕然としました。

去年の夏から一年間、入院で家にほとんどいなかった私をこんな身体でずっと待っていたんだと思うと、ショックと同時に、その気丈さと、どうしても私に会いたかったという気持ちに驚かされました。

一年という長きに渡っての入院で家にいなかったせいで、取り返しが付かないことになってしまったことに今更気が付いて、猛烈なショックを受けました。

いつも一緒だったプーちゃんがいなくなるなんて、考えたこともなかった……。退院してからも、アゴからのどにかけての腫瘍が見る見るうちに大きくなってきて、口の左側からいつもベロが出ていました。

乳がんができた時も、高齢だと麻酔にかかったまま亡くなってしまうこともあると獣医さんから言われていましたので、こんなに大きい腫瘍はもう外科的処置をすべきことはないことはわかり切っています。

でも、腫瘍に効く可能性があるというサプリメントを教えてもらい、できることは何でもやって助けてやりたいと思いました。

プーちゃんをずっと治療していただいていた、亡くなられた先生からも、

「プーちゃんは永遠に生きるわけではないのよ」

と言われていたことを何だか急に思い出しました。退院してすぐ、プーちゃんの現実を目のあたりにして、涙があふれて止まりませんでした。

とりあえず生きているうちに退院できて、また大好きなプーちゃんと短い時間でも最後を共に暮らすことができるというその幸せを噛み締めていました。これからの時間を大切にして、できることは何でもしてやって、少しでも長く一緒にいたいと思いました。

その甲斐があってか、プーちゃんは私が帰ってきたことで、嘘みたいに元気になってきました。よく食べて、散歩にも行ったりと、普通の生活に戻ったようにみえました。どうにかして生き抜いてやろうというその気力は想像を絶するくらいすごいもので圧倒されました。もしかしたら、元気になるのかもしれない、そう錯覚するほどの回復ぶりでした。

そんな不死身と思えたプーちゃんでしたが、私が帰ってきて五カ月が過ぎた時、一七歳半で、永遠の眠りについてしまいました。

二〇一四年一一月一八日午後九時五分、永眠。

一歳で安楽死させられる運命にあった犬が、M先生の手によって救われて約一七年半も生きて、いつも一緒にいてずっと励まし続けてくれました。保護して一六年以上、しっかりと生き抜いてたくさんの奇跡を見せてくれてありがとう。

亡くなる時には家にいて看取ることができた、ということに心より感謝しました。

一年で消えるはずだった命の火が、心ある先生の手によって救われて、私とのご縁をつないでくれて、一七年半も灯し続け、完全燃焼して天寿を全うすることができました。良くも悪くも人の手によって命の長さは変えることができるのだ。運命は変えることができるということをこの犬を通して知らされました。

がむしゃらに生きてやるというもの凄い生きざまでしたが、最後は、ロウソクの火がスッと消えるように、眠るようにして静かに亡くなりました。

魂が抜ける瞬間、ムクッと起き上がって、こっちをジッと見て最後の力を振り絞り、すでに見えていないであろう目をカッと見開いて、私の心に直接「ずっと可愛がってくれてありがとう」と言ってくれたのです。

「ありがとう」というその言葉は、テレパシーのようなもので、直接心へ突き刺さるように伝わる不思議な言葉でした。

「うちの子になってくれてありがとう」と最後に感謝の気持ちを伝えました。

最後の瞬間に、プーちゃんが私のほうを向いて、フッと仏さまのような、なんとも柔和な優しい表情をしたことが胸に突き刺さって、その表情は一生忘れられません。

そして、プーちゃんが亡くなる時の想念が伝わってきました。

それは、ロウソクの火が燃え尽きて消えるまでの、走馬灯のような追憶、プーちゃんとの出会いから別れのストーリーでした。

プーちゃんは私の親友であり、鬼退治に行く桃太郎の家来の犬のような、人生を一緒に闘ってきた戦友でもありました。ペットは病気の飼い主の身代わりになると言いますが、プーちゃんに関しては身代わりではなく、一緒に生きて生き抜いて、今世で

プーちゃん

私と共に戦うことでの恩返しだったと後になってしみじみ思います。振り返ると、何があってもいつも一緒にいてくれたプーちゃんとの思い出がいっぱいあふれてきました。

プーちゃんが家に来てくれてからは、父の死、病気をしながらも博士号取得、交通事故で頭がい骨骨折、脳梗塞、持病の難病の悪化で長期入院など、壮絶な出来事がたくさんありました。

プーちゃんがいなかったとしたら、乗り越えることはできなかったかもしれません。体中に癌が転移し、坂道を転がるように病状が悪化して、何度も死にかけても、生きてやるぞと言わんばかりに立ち上がり、小さい身体で気丈に耐えて、最後まで私を見守ってくれた。ここまで頑張り抜いて生きてくれたことに驚かされました。

プーちゃんは、共に生きることで私の人生観を変えるほどの最高に素晴らしい犬でした。プーちゃんは自分のこれからの生き方の原点となりました。

生きて生き抜いてプーちゃんの凄い生きざまを見習って、強く生きていかなくてはいけません。その力強さを思い出したら何があっても生きていける。

でも思い出すだけでなく、私が生きている間に生まれ変わってまたやり直そうよ。今度こそ私も元気になって、入院することもなくずっと家にいて一緒にいるから。またうちの子に生まれ変わってきてね。――私は天国にいるプーちゃんにそう話しかけました。

今度は大きな犬になって、すぐに帰ってくるから

プーちゃんが亡くなって、四九日が過ぎて夢をみました。プーちゃんは、はっきりとこう言いました。

「今度は大きな犬になって、すぐに帰ってくるから待ってて」と。

そう言って、霊道に向かって一目散に走っていき、消えてしまいました。

その後、不思議なことに何度も私は、シェパードみたいな大きな犬と散歩している夢を見続けました。

『犬たちからのメッセージ』（ロングセラーズ刊）に載せていますが、プーちゃんの一つ前の前世のチョンキーが亡くなった時にこんな言葉が伝わってきたのです。

「泣かないでくれよ。オレはもう何もしてやれない。でもな、待ってろよ。お前が一番大変な時に、生まれ変わって必ずまたやってくるから。何度も何度も生まれ変わってお前のそばにいてやるぜ」「オレは助けてもらったことを絶対に忘れない、何があってもいつもお前の味方だ。今度は長生きしてずっと見守ってやるからな」

チョンキーはプーちゃんになって生まれ変わりました。プーちゃんは小さなプードルでしたが、本当にとても長生きして共に頑張って生き抜いてくれました。

チョンキーの「何度も何度も生まれ変わってお前のそばにいる」という言葉とプーちゃんの「大きな犬になってすぐに生まれ変わる」という言葉。

その言葉を希望に、私はこれからも頑張って生きていける！

当時はまだ闘病中で入退院を繰り返していましたが、元気になった私と大きな犬に生まれ変わったプーちゃんが共に生きて、新しい人生を一緒にやり直すような、そんな確信がありました。

そして、それが現実になる日がやってきました。それがプーちゃんが亡くなってちょうど二年が過ぎて、殺処分直前に引き取ったタックだったのです。

夢は霊界からのメッセージ

あなたは、亡くなったペットの夢を見たことがありますか？

亡くなったペットの夢が教えてくれている意味は大きく分けて二つになります。

一つ目は「会いたい」という気持ちから、脳が見せているという霊的でないもの。

夢は脳と深く関係しており、自分の頭の中で「会いたい」という強い想いがあると、その想いが、夢につながって出てくることがあります。そういった場合は、霊が見せているとは別の話。夢に登場する亡くなったペットは、霊や魂といった存在というよりも、飼い主の無意識からのメッセージを現わす場合が多いようです。


二つ目は、亡くなったペットからのメッセージ。睡眠中は最も霊と通じやすいと言われています。「夢」と「霊界」はつながっており、特にリアルな夢や、なんらかの強い感情が湧き起こるような印象深い夢というのは、霊界からのメッセージであることがあります。亡くなったペットが「あなたに何かを伝えたい」と、夢に出てきてくれたということです。

動物は「何か」を伝えたくて、夢で映像を見せてくるもの。目が覚めてもはっきり覚えていることがある。そんな夢のほとんどは、霊が見せる夢だと考えていいと思います。

起きてから、ハッキリ思い出せたり、あまりにもリアルだったりする時は間違いなく私は霊界の記憶だと思います。

こうした霊界からのメッセージが含まれている夢のことを「スピリチュアルドリーム」と言います。

夢は霊界への入口です。そのため夢の中ではあの世とこの世の境で、様々な魂の出会いがあります。奇想天外なストーリーや知らない人物、身近な人たちが出てきて、会話したり、何かをしたり、時には怖い思いをしたり、また幸福を感じたりと、まさに心が解き放されて、自由な思いが反映されている空間でもあります。

朝方やお昼寝時に見る夢は基本的に非常に眠りが浅く、実はこれは夢ではなく自分自身の魂が霊界に行っているということがよくあります。

例えば「朝方に、亡くなった人の夢を見た」というお話をよく聞きますが、これは、ある程度霊感の強い人の魂が、夢を通して霊界に行っているからこそ、亡くなった方と出会えるのだと自分の経験を通して思います。

ですから皆さんも、夢を通して行った霊界で、亡くなったペットに出会える可能性があります。そこで、亡くなってしまったペットの気持ちを自分で直接メッセージとして聞くことができるかもしれません。

亡くなったペットに会えるのも、この夢でこそ。先立ったペットたちとは、神様の計らいで飼い主の夢の中で再会をさせてもらえることがあります。飼い主側から言えば、亡きペットと、夢の中で面会することができるのです。

あなたの亡くなったペットが、ある日、夢に出てきたら、それは亡き愛猫・愛犬とスピリチュアルワールドで、面会したのかもしれません。

また夢は、何か自分に対するヒントであったり、将来のビジョンを見せて未来の暗示を与えてくれることがよくあります。霊界にいるペットがあなたの元になんらかのメッセージを伝えにきてくれたということには、必ず意味があります。

私たちの魂は、肉体が死を迎えると、身体を離れて天国へ旅立ちます。そこが霊界ですが、死んで霊界へ行った時に無理がないように、私たちは夢で霊界を訪れて霊界体験をしています。

この三次元の現実世界へ霊界から生まれてくると、日々の生活で魂が疲れてしまうので、夢によって魂の故郷の霊界へ里帰りをして癒して充電してくるとも言われています。

未来の暗示の夢として、転生が起こった、つまり生まれ変わりのメッセージもよくあります。亡くなったペットが生き返ったというような夢を見る場合、それはその子が転生する合図であるかもしれません。

ただ生き返っただけというような夢の場合は、前述の一つ目のように、「生き返って欲しい」という脳内の願望の可能性もありますが、転生の夢の場合は、より具体的な、実際の映像が見えた夢のことが多いのです。

亡くなったペットの夢を見る一番の方法は、「ペットの死を受け入れること」です。受け入れられないで執着している間は、亡くなった子も心配してあなたの元に訪れると動揺させてしまうのでは？　などと考えたりするものです。

受け入れることで、安心してあなたの所に遊びにきてくれるようになるかもしれません。可愛がられて亡くなったペットの子も、いつまでもあなたに悲しんでいて欲しくないのです。

亡くなった子の魂は、まずは虹の橋と呼ばれる天界にある場所に行き、そこでしばらくの間過ごします。そして時がきたら、また魂は転生していきます。どういう形で生まれてくるかは断言できませんが、また有意義な人生を生きるために、転生してこの世界にやってくるでしょう。

我々人間の執着は、ペットのそんな輪廻転生を阻むものだということを理解してほしいのです。

もしかしたら、あなたの中で一区切りがついた時に、生まれ変わってくるかもしれません。亡くなった子は生まれ変わる時、霊界とこの世の間であるあなたの夢に出てきてくれるはずです。

転生の夢は、とても現実的で、不思議なほど夢の中と思うことはないのです。

夢の中で全く同じ間取りの部屋。夢なのに自分の意思で声を聴いたり触ったりして確かめられたこと。それは自分が霊界に行って、自らが確かめるのでそうなるのです。そしてなにより、夢の中では自分のペットは亡くなってもういないのに、夢じゃないよね？　今が現実で亡くなったことが夢？　という気持ちになるようなリアルなものが多いのです。

私自身も、夢の中で起きたことが現実となった出来事が何度もあります。チャコが亡くなって虎吉がやってくる前に、下駄箱の上で、三毛猫チャコの横に、キジトラのそっくりな猫が並んでいる夢を見ました。

その数日後に突然やってきたのがチャコの生まれ変わりの虎吉でした。

旧暦のお盆三日間の不思議な物語　1
地上に舞い降りてきた天使・サバトラ猫の梅太郎

旧暦のお盆の三日間に起こったとても切ない不思議なお話。それは地上に舞い降りた天使との突然の出会いと別れでした。

二〇一九年七月半ばの夕方、訓練所から帰ってきたタック（五章でくわしく説明、プーちゃんの生まれ変わりの犬）とお散歩に出かけてすぐに、走っていくのでついていくと道路わきに、うずくまっている仔猫をタックが見つけました。捕まえようとすると、助けてほしいのか、精一杯の声でニャーっと鳴いた。ぼろ雑巾のようなサバトラ猫のその姿は目に焼き付いていまも忘れられません。

急遽、お散歩を中断して保護して帰ってきました。

すぐに我が家の一員となり、「梅太郎」と名付けました。

梅太郎の由来は、数日前に、梅干を漬けてあとは土用干しだけとなった時に出会ったので、名付けました。本物の塩漬けの梅干しは、賞味期限がないほど保存がきいて永遠に保てるそうですので、永遠の命という意味が込められています。

家に連れて帰ると、我が家の犬猫たちが興味津々で見ていましたが、堂々としていました。小さな仔猫が、何日も飲まず食わずで放浪していて、そこの電柱のところにたどり着いて力尽きたのでしょう。生後二カ月くらいですが、栄養失調で骨と皮で、体に力が入らずぐにゃぐにゃで全く立てません。カラスに突かれたのか右目が白濁しているので目薬をさしました。

ガリガリに痩せて衰弱しきっており、ほとんど動かないけれど、水分補給とレトルトのフードで栄養補給をして数時間経つと、ごろごろ甘えて多少余裕が出てきました。自分からは食べませんでしたが、次の日には少し元気になったのか、頭を持ち上げて少し食べてくれました。「食べて食べて生き抜くんだよ！」そういったら、こっちを向いてニャーと鳴いた。保護した昨日よりも多少はしっかりとしてきました。

誰も見て見ぬふり。野良猫なんてどうでもいい世の中なんだと梅太郎のことで改めて実感しました。タックが見つけて保護していなかったら、そのますぐに脱水で死んでいただろうと、想像するだけで恐ろしいことです。

「君は強運な猫。生き運があるんだね。だから、よく食べてよく寝て生き抜くんだよ。生きてたら、必ずいいことがたくさんあるんだから。明日はもっと元気に動けるようになるんだよ。みんなが応援してるからね」そう話しかけました。

それからその日は、ずいぶんと回復したようで、顔を持ち上げて、気分が良かったのかゴロゴロのどを鳴らしたり、甘えるようなそぶりを見せたりしました。これで良くなってくるかもしれない。そんな気になったほど、一日で回復してきたように見えました。でもそれは、ほんのつかの間の期待にしか過ぎませんでした。

少し寝て、朝になり、すぐに梅太郎を見ると、昨晩と打って変わって、危篤状態に陥って、昏睡状態になったのです。慌てて朝から近くの獣医に駆けつけましたが、低体温に陥って衰弱がひどくて治療もできない。やはり手遅れだったのです。もう時間の問題だ、極めて難しいと言われました。

一昨日、連れて帰ってから、できる限り手を尽くしました。しかし、こんな猛暑の中、捨てられて何日間か放浪して、衰弱しきって体力の限界。もう手の施しようもない。手遅れだが、こんな状態でよく生きていると言われました。

捨てた人を恨んでも仕方ないけれども、あなたが簡単に捨てた猫は、今この世から消えようとしている、あなたが殺したも同然だ。簡単に捨てた無責任な飼い主にそう伝えたかった。

もうちょっと早く見つけていたらとも思いましたが、もうどうにもならない。でも諦めてはいない。やれることはやって頑張ってみますと獣医さんに言って、連れて帰り、こたつに入れて温めて、ミルクなど与えてみました。

あとは生命力を信じて祈るのみ。

せっかくご縁があってやってきたのだから、どうにかして生きていてほしい。

生まれて二カ月弱で死ぬのは早すぎる！

突然舞い降りてきた天使
永遠の命と願って名付けた梅太郎
アナタがいなくならないように
私には何ができるだろうか……
タックにたける、みんなが心配しているから、梅太郎生きようよ。
生まれて二カ月弱なんて死ぬのは早すぎる。
神さまお願い。この生まれてまだ間もない仔猫をどうか連れていかないで。

梅太郎を保護してから、私はほとんど寝ていなかったので疲れきっていました。そのために夕方に睡魔が襲ってきました。うとうとしていたら、一瞬、ゲージから梅太郎が走って出ていっているのが見えて「梅太郎！」と呼んで自分の声でハッと目が覚めました。

夢か現実かわからないまま、窓の外を見たら、沢山の雀が外を飛び回って天使が迎えにきたような気配がしました。

梅太郎を見ると、全然動かなかったのに寝がえりをうって鳴いていました。

一見、回復したようにも見えましたが、その時もうダメだと確信しました。

そして、すぐに居間につれていき、ミルクを飲ませようとして椅子の上に置いてすぐ、こっちを向いて笑ったような顔をして、手を振ってお別れを言っているようなポーズをとったと思った瞬間――、そのまま息を引き取りました。

今思えば、これが小さな仔猫の梅太郎の最大限の感謝の気持ちだったのです。


タックが見つけてから丸三日目の一八時過ぎに亡くなってしまいました。

梅太郎を見つけたタックが最後まで心配して看取りました。

亡くなった梅太郎は生きたかったんだろう。眼を開けたまま亡くなっており、生きているかのようでした。小さな体で精一杯頑張った。一生懸命生きようと必死で生きたかったのに。小さな小さなロウソクの炎は燃え尽きてしまいました。

亡骸に紫陽花を備えてやりました。うちが死に場所になってしまいましたが、生きていてほしかった。やはり寿命には逆らえません。ただただ悲しく悔しいです。

これまでの生きざまの想念が走馬灯のように伝わってきました。それは、短い過酷な命のストーリーでした。


小さな仔猫がひとりぼっちで車の通りが激しい道を歩く。餌を求めて、居場所を求めて、あてもなくとことこ歩く。人に怒鳴られ、蹴られ、水をかけられ、あっちへ行け、この野良猫、そう言われて追い払われた。

カラスに突かれて逃げて隠れ場所を探す。大きい猫に追いかけられ命からがら逃げ場所を探す。

何日も食べない時もあった。飲まず食わずでさ迷いふらふらになって、とうとう倒れて動けなくなった……。

ボクはずっとひとりだった。

どこへ行っても……このままボクはひとりで死んでいくんだと思っていた。ここであなたと出会うまでは。

あなたにだけに打ち明ける。ボクたちみたいな見捨てられた寂しい命に、ほんの少しの優しさを分けてくれた。ほんの一かけらを生きる希望にする。

でも遅かった。もうだめだ。ボクは生きていたかったんだ……。

こんなボクに愛をくれたあなたに、いっぱい、いっぱい、ありがとう。


外の暮らしは過酷。飼い主に捨てられた猫は、拾ってもらわない限り、捨てる＝死なのです。それをわかって捨てることができますか。


亡くなった日は朝から大雨。まるで梅太郎を悲しむような土砂降りの雨。

その夜にみんなで梅太郎とお別れしました。小さい体で本当によく頑張った。

精一杯生きた君との三日間の奇跡。その生きざまを一生忘れないよ。

勇気をありがとう。


一夜明けて、うちの裏庭に埋めてお墓を作りました。それまでは、別れを惜しんでいるのか、裏の野鳥たちが飛び交って騒いで、ギャーギャーと鳴いていましたが、お墓に埋めると同時にピタッと鳴きやみました。

どんよりして霊気を帯びていた辺りの雰囲気も、なんだか晴れてきたかのようにすっきりしてきたことを覚えています。

その瞬間、気づきました。ずっと痛かった右肩が治っていたことに。梅太郎は、私の悪いものも一緒に持っていってくれたのです。

その時、心に突き刺すようなテレパシーではっきりと聞こえました。

「ありがとう。またね」と。

永遠の命という意味で名付けた梅太郎。亡くなっても魂は永遠です。

「悲しいけど、梅ちゃん、生まれ変わってくるんだよ。待っているからね」

頑張って頑張りぬいたあなたを見習って、私も強く生きていこうと決めました。

空から舞い降りた天使のような子でした。

旧暦のお盆三日間の不思議な物語 2
翼の折れたエンジェル・レース鳩のハヤト

ブログやInstagramで、タイムリーに梅太郎の壮絶な三日間を載せていましたら、二年前にも全く同じことがあったね、というコメントがありました。

そして梅太郎の亡骸を見て、あることに気づきました。

ちょうど二〇一七年七月半ばの旧暦のお盆に、突然空から舞い降りた天使。翼の折れたエンジェル。レース鳩のハヤトくん。

梅太郎と同じ二年前旧暦のお盆七月半ばに突然やってきて、何もかもが同じ丸三日間で亡くなってしまった。調べてみると、私は当時のブログで梅太郎と同じようなことを書いていました。


三日目の夕方に静かに息を引き取りました。

亡くなっても生きているみたい。

生きようとして小さな体で精一杯生きた君との三日間の奇跡

その生きざまを一生忘れないよ
勇気をありがとう。ハヤトくん……と

ハヤトも二〇一七年七月半ばの夕方に、通りすがりに家のすぐ前の道路に落ちていたのを、当時いた猫のチャコの生まれ変わりの虎吉が見つけて保護したもの。飛んでいた際に何かにぶつかって落ちたのだろう。瀕死の状態の鳩だった。脚環があることと、見た目も普通の鳩ではないので、レース鳩とすぐにわかりました。翼も折れていましたが胸に傷があったので、とりあえず保護して傷を治して空を飛べるようにしてやりたいと思いました。

ハヤト君は鳥でしたが、扶養家族のみんなが興味津々で見ているにもかかわらず、すぐに慣れました。

普通の鳩とは全くその容姿が違って、ツバメの親分みたいでもありましたが、ハヤブサみたいなカッコいい感じでしたので「ハヤト」と名付けました。
保護した日の晩に、水をスポイトで与え、鳩の餌をやると食べてくれました。次の日には、とっても慣れてくれて、猫みたいに、ゴロゴロ喉を鳴らせて頬をスリスリしてきました。生まれて初めて鳩の世話をして、こんなにかわいいものかと知りました。私はハヤトが鳩ではなく、なぜか猫にしか見えませんでした。

今思えば、梅太郎とハヤトは三日間の経過が全く同じ。しかも、梅太郎のゲージと、ハヤトのゲージも同じものだった。

これには驚きました。実は梅太郎は、最初はなぜかよく似ていたので、ハヤトとつけようかと思っていたのです。どちらも旧暦のお盆辺り。看取ってほしいからやってきたのか？

Instagram にすぐに可愛すぎるハヤトのことを載せたら、連絡して引き取ってもらうようにとのコメントをいただきました。

脚環の文字を調べてみると数字で所有者もわかりました。

通常レース鳩は協会配布の脚環と個人脚環を脚につけています。

迷い鳩を保護した場合、個人脚環をつけていればそこに鳩の所有者名と連絡先が書かれていますので、直接所有者にご連絡をお願いいたします……と。

レース鳩のことなんて何も知らなかった私でしたが、ふと、ある恐怖が脳裏をかすめました。

この鳩はもう飛べないかもしれない。

となると、競走馬のような運命になるのでは……と。

色々調べていくうちに、そこで今度はこんな衝撃的な内容のコメントを見つけたのです。


レース鳩が迷っているという場合。

持ち主の所へ送り届けることを間違っているとは言いませんが、送り届けられた鳩は飼い主によって処分されることが殆どです。レース鳩は趣味ではあるけれど、能力の無い鳩を飼う趣味ではありません。一分一秒を争い、早く鳩舎《きゅうしゃ》にたどり着

ハヤト　　　　　梅太郎

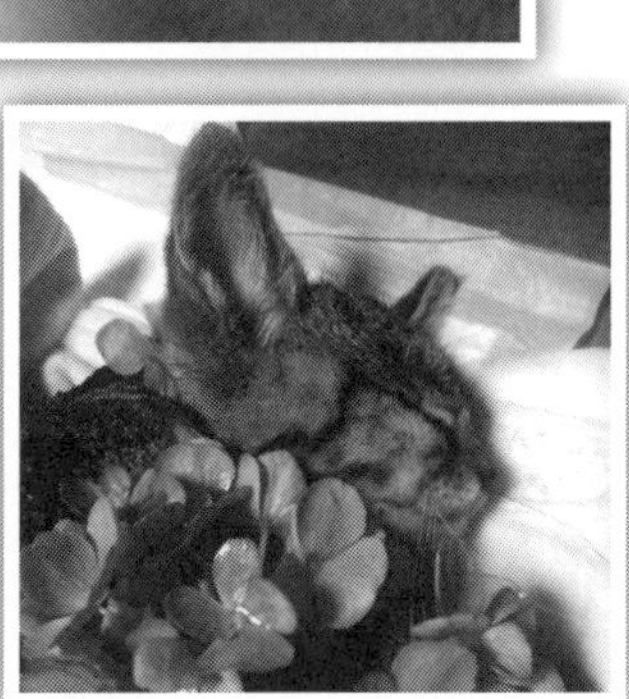

く鳩が生き残る。そうやって改良されています。迷った鳩、迷惑でなければ、その場所で野鳩として生きていくほうがいいのかもしれません……。

やはり、予感適中。身震いがした。

脚環にある飼い主に戻したら、傷ついているハヤトは、確実に処分されることは目に見えている。

私はInstagramなど全てのSNSにこれまで書いていたハヤトの情報を消しました。言わなかったらわからない。何事もなかったかのように知らないふりをして、黙ってこの負傷したレース鳩のハヤトを守って傷を治して回復させようと心に決めました。

人間の都合のいいようには絶対にさせない。飛べなくなったからといって処分だなんてあり得ないよ。生きているんだから、命があるんだから。生きている限り、普通の鳩として天寿を全うさせてやろうと誓いました。

頬に嘴《くちばし》をあてて「ありがとう、またね」とキスをした

何かのご縁で、この広い空から舞い降りた私の大事な天使。

間違っているかもしれないけれど、犯罪者にでも鬼にでもなって君を守ろうと神に誓った。

でも君は……

その後すぐに天国に旅立ってしまった。

二〇一七年生まれということは、まだ今年生まれた子どもなんだ。

まだまだあどけない顔。死ぬなんて早すぎるよ……

ハヤトが亡くなっているのを教えてくれたのは、ハヤトを見つけた虎吉だった。

ハヤトが我が家にやってきて三日目の夕方、近所の私の事務所に虎吉はやってきて、一生懸命何かを訴えました。窓ガラスのところで手を当てて、こう言ってまた家に帰っていきました。

「あいつ死んだよ」

だから早く家に帰れと。確かにそういう想念がテレパシーで来ました。

虎吉はハヤトくんが亡くなってしまったことを伝えに、近所といっても自宅から五〇〇メートルは離れている事務所までわざわざ伝えにきてくれたのには驚きました。

急いで自宅に帰ると、虎吉は猫道を通って、先に自宅に帰って、ハヤトの傍にいました。虎吉は、きた時からずっとハヤトくんを見守っていてくれていました。猫なのに、不思議です。帰ったらそこには、ハヤトくんの亡骸がありました。


紫陽花を採ってきて、亡骸に備えてやりました。

今思えば、梅太郎と何もかもが全く同じです。

眼が開いてまだ生きているかのようでした。


前日までは、まだまだ大丈夫に見えて、これからのハヤトくんとの未来をなにも疑うことなく楽しみにしていました。

いつか傷が治って飛べるようになる日がくるかもしれないと、ささやかな期待がありました。

そんな希望は無残にもすぐに消されました。

亡くなった日の朝、出かけないといけなかったのですが、とても不吉な予感がして、「帰ってくるまで生きていて」私はハヤトくんにそう告げました。


するとハヤトくんは私の頬に嘴をあててキスをしました。

テレパシーで「ありがとう、またね」と言って。

その時のことは一生忘れません。

それが最後だとわかっていたんだと、後になって理解できました。

『幸福な王子』のツバメと重なりました。死を悟ったツバメは最後の力を振り絞って飛び上がり王子にキスをして足元で力尽きた……。


家にいた母によると、夕方まで私の帰りを待っていてくれたのか頑張って生きていたみたいですが、一八時過ぎ力尽きて間に合いませんでした。

ごめんね、看取ってやれなくて、本当にごめんなさい。

何度も何度も謝っても君はもう戻ってこない……。

声をかけても、目をつぶったままのハヤトをみて朝の出来事を思い出して、涙が止まりませんでした。

明日死ぬかのように生きよ。永遠に生きるかのように学べ

人生というものは、いつ何が起こるかわからないものです。自分がつくってきた現実は、壊れやすくはかないものだということを、ハヤトそして梅太郎の死によって知らされ、人生は今を大事に生きることが最も大切だということに改めて気付きました。

そして、私に真の意味での究極の〝愛すること〟を教えるためにこの世に生まれてきてくれたのだと信じています。

これは、ガンジーの名言です。

「もう年だから、今更何をやっても仕方ない……と思うのは大間違い。

何歳になっても始めるのに遅いことはないということ。

人は何度も生まれ変わり、魂は進化し続ける」

マハトマ・ガンジー

（インドの弁護士、宗教家、政治指導者／一八六九〜一九四八）

犬も猫も同じです。

前世で学んだことは今世で生きる。そして今世で学んだことは来世で生きます。

もしかしたら、ハヤトそして梅太郎君は、少しだけこの世を覗きにくるためにだけに生まれてきたのかもしれません。偶然のようで必然。うちを選んでやってきたことは間違いない。きっと私と出会うために生まれてきたのだと思います。

今世の一生を、三日間というとっても短いロウソクしか与えられなかったのかもしれません。でもみんなと過ごして愛を知り、十分満足して完全燃焼して旅立っていった、そう思いたい。みんなと出会い、これまで知らなかった愛を知り、充実した時間を過ごして、この世に長居したくなったのかもしれません。残念ながら寿命は変えられない。今世は本当に残念でしたが、来世は神様に頼んで、長いロウソクを持って生まれ変わるしかない。

ハヤトを埋葬したその晩、夢を見た。猛スピードで大空を舞って飛んでいるかっこいい姿のハヤトの夢を。

それから後にまた夢を見た。今度は、ハヤトが急降下して落ちてきて、小さな猫になった夢を。今思えば、それが梅太郎だったんだ。空飛ぶレース鳩だったハヤト。今度は、二年たって小さな猫に生まれ変わったけれど、また同じく三日間で生涯を終えてしまった。

「どんな形でもいいから、生まれ変わったら今度こそは生き抜くんだよ」

私はハヤトである梅太郎にそう伝えた。

梅太郎が亡くなって、数日後、また夢を見た。生まれ変わってきたのは、大きな猫だった。

その大きな猫は今度こそ三日間ではなくちゃんと生きていた。三度目の正直。今度こそは天寿を全うできるはず。私はその出会いを心待ちにしています。

第3章

動物は霊を視ている

誰もいないのに、犬が異常に吠えたりすることはありませんか

よく動物には幽霊が見えているなんて言われています。

「本当のところどうなのか?」と思っている方、私の感覚では「見えています」。特に、犬や猫はとても霊感の強い動物です。

犬や猫は人間よりも不思議な力が強く備わっていて、強い霊的な能力を持っているため、霊を自然に見ることができます。

人には何も見えないのに、飼っている犬や猫が、実は霊がいる所をジッと視ているということは、よく聞く話ではあります。

誰もいないのに小さな子どもが、ある一点を見つめていたり、犬や猫が鳴いたり吠えたりすることはないでしょうか。もし、そのようなことがある場合、そこには何かがいる証拠です。

霊のエネルギーを感じたり見たりできるのが、身近な存在では幼児や子どもや、犬や猫です。

反対に小さな子どもや動物が、いつも好んでいる場所は、あなたの家のパワースポットなのです。

今日は嫌なものを背負ってしまったという感じがした時、家に帰ると、ペットのワンちゃんが何もないはずの後ろのものに異常に吠えたりする、なんてことを経験した方もあるかと思います。

さらに、ご自宅で犬や猫を飼われている方で、飼っているワンちゃん猫ちゃんが誰もいない空間を凝視していたり、突然吠え出したり、落ち着きなくウロウロ歩き回ったりしたことがあるなら、かなりの確率でそのお宅には霊がいると言ってもいいでしょう。

犬や猫が持っている、人間より強いスピリチュアルな能力は、言葉を持つこともなく人間とは違う動物だから、そのような力があっても当たり前なのかもしれません。

その能力は、動物によって多少の差がありますが、大なり小なり、どの動物もある程度は持っていると考えられます。

ペットとして身近な動物である犬と猫は、その性質が違うことから、例えば同じ霊的なものを見たとしても行動が違ってくると思います。

私の経験からすると、性格にもよりますが強い霊的なものを見た場合、単独行動派の習性がある猫はジーっと見ているだけとか、酷い場合は〝ハーッ〟と怒って逃げるかが多いのですが、犬は吠えて霊に立ち向かうことが多いようです。

これは犬が本来持つ、正義感が強く危険を察知するというようなものではないかと思われます。猫は犬のように〝誰かのために働く〟ということではなく、単独行動をする基本的に自己中心的な動物ですから、動かないのかもしれません。

昔、『ゴースト』というヒットした映画の中で、亡くなった恋人が霊として現れた時、猫だけが気づいて、〝ハーッ〟と怒って逃げるシーンがあったのを覚えています。

これは霊的なものに遭遇した場合の猫の行動を、わかりやすく表現していると思います。

我が家は霊道が通っているので、霊が通るのは日常茶飯事で、良い霊も悪い霊も通ります。

これまで飼っていた犬たちに、霊に向かって吠えることでたくさん助けられた記憶があります。犬の吠える声は悪霊退魔の力があり、ずいぶんと悪いものを追い払ってもらいました。

昔の話ですが、お盆のある夜中のこと、家の入口から裏の川に向かう霊道を霊の集団が通っていて、ざわざわしていました。あまりの霊の多さにギョッとし、身動きがとれなかったのですが、飼っていた犬たちが鋭く吠えつきました。それで霊の集団は一気に霊道を通過して声が遠のき、霧のようにスーっと消えていった……という経験があります。犬の力は、侮れません。

猫にも霊がもちろん見えています。

霊を見ているかもしれない猫の仕草には特徴があります。あなたの猫は突然次のような行動をとったことはありませんか。

●突然何かを探し始める
●突然一点に執着してジッと見始める

●誰もいない何もない方向を見つめる猫の瞳が丸くなる
●突然、威嚇行動を始める

これらは猫に優れたスピリチュアルパワーがあることを示唆するもの。あなたの傍にいる猫に限らず、どの猫にもこの能力は当たり前のように備わっています。

猫には少なからず人間にはない能力や、感覚があることがわかりました。猫の霊感で、悪い霊が近くにいる時に知らせてくれるのであれば、とても心強いですね。


猫も犬も、人間が見えない世界が普通に見えているのです。猫と犬の隠れたパワーをもっと知って欲しい。私たちが見ることのできない霊を見たり、気配を感じたりする猫も犬も、多くの場面で我々人間に大事なことを教えてくれる存在なのかもしれません。

猫と犬の優れたスピリチュアル能力で、あなたのエネルギーもバージョンアップするはずです。

猫も犬もすごいのです。彼らを大切にしてあげることで、あなたも必ず有意義な人生を送れることは間違いありません。

父を看取って、最後まで見送った茶トラのハマ君

猫には霊が見えている――。その事実を実証する、人生最大の出来事がありました。

私は小さい頃から猫が大好きで、捨て猫を拾っては飼っていました。田舎に住んでいるため両親には飼うのをなんとか許してもらっていました。

その野良猫の中でも、珍しく父が手なずけて自分から飼うと言った唯一の猫がいました。その猫は、茶色のトラ柄のオスで、もう大人で大きな猫でした。

父は、まんまるい大きな顔をしたその茶トラの猫を、〝ハマグリ〟と名づけ、ハマ君と呼んで、ものすごい可愛がりようでした。

ハマ君も父が大好きで、いつも父と一緒に行動をしていました。食事はもちろん寝る時も一緒。父が畑で作業する時もいつも近くにいて見張っていました。

そんな平凡で平和な楽しい父の日々の暮らしが、ある日突然に嘘のようになくなってしまいました。父が心筋梗塞で倒れて病院へ運ばれてしまったのです。

その後もまた発作が起こってしまい、かなり危険な状態でした。約三カ月入院して、危険を伴いながらもどうしても家に帰りたいという父の意向で、退院して家に帰ってくることができました。

ハマ君は、父の帰りを心待ちにしており、帰ってきたらまっしぐらに父の所へ飛んで行きました。

父は、家に帰ってもほとんど寝ていましたが、ハマ君は、父の今の、いつどうなってもおかしくない状況をわかっていているかのように、ずっと付き添って足元で寝ていました。ちょっと、庭を散歩すると、見守っているかのようにハマ君も必ず付いてきました。


そんな大の仲良しのハマ君と父に、悲しいお別れが突然やってきました。父の心筋梗塞の三度目の発作が起こり、退院してちょうど二週間目に急死してしまったのです。

父が亡くなる瞬間、プーちゃんとハマ君が父から魂が抜けて上に昇っていき天井を伝っていった時、みえる私と同じ目線で二匹が視ていたことが強烈な印象として心に焼き付いています。

すでに亡くなっているのに、救急車がきて心臓マッサージをしたら心電図だけはまだ動いてましたが、魂はすでに抜けていました。

病院から父の遺体が帰ってきた時、ハマ君は涙を浮べたような悲しい顔をして、父が生きて帰ってきたように、飛んできて出迎えました。

そして、お通夜も、お葬式も片時もお棺から動くことなく、ジッとして父のお棺の横に悲しい顔をして付き添っていました。

お葬式でお経が始まると、ハマ君は大粒の涙を浮かべてそれはそれは悲しい顔をして聞いておりました。


そして出棺の時、私は一瞬、父が動くお棺とともに足がないけれど、その横を歩いているのがはっきり視えました。

三日間ずっと、父のお棺のそばからほとんど動くことがなかったハマ君が、そのお棺とともに父の霊が動くその下で、父について一緒に外に出て、霊柩車の下まで最後の見送りに行ったのでした。

私はハマ君の見送る中、父の遺影とともに霊柩車に乗りました。最後のお別れの鳴り響くクラクションと、霊柩車の中から外を見た時の、いつまでもハマ君が悲しい顔をして背中をかがめて見送っていた切ない姿が、私の脳裏にずっと焼き付いて離れません。

ハマ君には、父の霊が普通に視えていたのです。これを見ていたお葬式に参列した人々は、びっくりして、猫が体中であふれんばかりの悲しみをこらえて、父を見送っている姿に涙を流しておられました。

ハマ君は、野良猫だった自分を救ってくれた父に感謝し、大好きだった父を最後まで見送ったのでしょう。葬儀屋さんの方とお話をしたところ、猫は霊が視えるので、自分のご主人が亡くなった時、一見異常と思えるような看取り行動をとることがあるのを聞いていているそうです。

四十九日過ぎて一週間後、仏壇の前で亡くなったハマ君

そんなハマ君もお葬式の後、急速に元気がなくなり横になって寝ていることが多くなりました。父の四十九日で、親戚の人たちが集まった時には、すでにハマ君は衰弱

しきってほとんど寝たきりでした。葬式の時の状況を見ていた人が、「ハマ君はすごい大仕事をしたね、よく頑張った」と触っていきました。

四十九日から一週間後に、父の仏壇の前で、ハマ君は眠るようにして亡くなっていました。父を見送るという大役を終えて、大好きだった父とようやく会えてホッとしたのか、とても安心したような充実した安らかな顔をして横たわっていました。

亡くなっているハマ君の顔を見て、悲しいというよりも、よくやったという褒める気持ちしか起こりませんでした。今考えると、ハマ君は父を看取るために遣わされた猫だったように思います。

亡骸は、裏の林に父が植えて大事にしていた桃の木の下に埋めました。ちょうど、ハマ君が亡くなった四月は、桃の花が例年になく見事に咲いて満開の時でした。

毎年春に、桃の花が咲くと、父とハマ君のとても仲の良かったことを思い出します。

我が家の大きな霊道

死者たちの通り道、霊道。都市伝説やスピリチュアルな人たちの間では実際に遭遇した体験など頻繁に語り合われています。

また昔の人にとって霊道は当たり前に信じられているものであったようです。我が家の横から裏の林の川沿いにかけて、大きな霊道があります。

霊道とはその名の通り、あの世とこの世を結ぶ霊の通り道。人の霊や動物であったり妖怪であったり、あるいは神様であったり、この世のものではない霊体が通る道だと言われています。もともとは霊道は霊が成仏に向かうための道で、亡くなった死者が通るものとされています。

霊道は、実際に見えるものではなくて、また視える人の目撃情報により形も様々で、近未来の透明なパイプを走る高速道路や梯子のようなイメージだとも言われています。またその通り方も地球上の物理法則とは一線を画していて、空の方に続いていたり、家の中を通っていたり、地下を通っていたり縦の道であったり横の道であったりと様々だそうです。


しかし、人間には、よっぽど霊感の強い人でなければ、そこに霊が通っているかどうかはわからないでしょう。でも、犬や猫をはじめとする動物たちには、霊が視えて、霊聴が聞こえるために、それが通っているのが普通にわかるのです。

特に正義感の強い犬は、霊道に霊が通ると、不審なものとみなして攻撃的に吠えつきます。我が家の横の霊道を挟んだお隣りのお宅に大型犬がいます。夜中まで起きて原稿を書いている時に、地の底から響くような大きな霊聴が聞こえてきて、「あっ、今霊道に霊が通っている」と気付いた瞬間、霊道のすぐそばにいる隣の犬が猛烈に、吠えついていています。

そしてうちの全部で四匹の犬たちも、ムクッと起きて猛烈な勢いで、一斉に窓に走っていって、霊道に向かって飛びついて吠えつきます。霊のみえない人間からみると、誰か人でも通ったのか⁉　というような感じです。


我が家の霊道は、家の正面から、家の横を通って裏の川から林につながっています。裏の林には家畜の慰霊碑である馬頭観音様があり、霊道の大通りとなっています。うちの庭には色々な種類のアジサイがたくさん植えてあります。家の横の霊道のところは、よく見るとほとんどが真白のアジサイばかりでした。

不思議なことに、家の横から裏の川を渡って林へと続く霊道の川沿いの所には、亡くなった父が植えた、見事な真っ赤な彼岸花の群落があります。

うちの横の霊道は、白いアジサイから、裏の林の川沿いの真っ赤な彼岸花の群落へと通じています。

わざわざ霊道だからそうしたわけではありません。しかし、このような霊道のお花の在り方は無意識のうちに、必然でできたものだと思っています。

この白いアジサイと赤い彼岸花の群落は、その霊道を通って行く霊へのはなむけなのでは、と思っています。

また、この霊道を通って行くのは人だけでなく、亡くなった動物たちもこの霊道を通ってあの世へ駆け抜けていくのです。我が家の亡くなってしまった動物たちも、皆この霊道を通りぬけて、あの世に旅立っていきました。

彼岸花の花言葉は「また会う日を楽しみに」

彼岸花の名前の由来は二つあると言われています。ひとつはその名の通り、秋のお彼岸の時期に一斉に咲くことから。もうひとつは、彼岸花の球根には毒があり、これを食した後には「彼岸（あの世）」しかない、という意味からきています。

墓地でよく見かけるのは、まだ土葬だった時代に、モグラやネズミに遺体を荒らされないために、彼岸花が人為的に植えられたからです。毒性を利用した忌避剤としての役目。これこそ理にかなった使い方であり先人の知恵に、なるほどと思わずにはいられません。彼岸花は、その場所にしっかりと根を張り、毎年咲き続け、故人を静かに見守ってくれる存在なのです。


彼岸花は、墓地によく植えられていることもあって、死人花（しにびとばな）とか幽霊花（ゆうれいばな）地獄花（じごくばな）といった怖いイメージの異名が多く、不吉、怖いなどのマイナスなイメージが先行してしまいますが、彼岸花の花言葉を調べてみると、「また会う日を楽しみに」でした。見たとたんに、涙が止まらなくなってしまいました。なぜなら彼岸花の花言葉で猫たちからのメッセージを受け取ることになったからです。

さらに彼岸花の花言葉には「再生」「転生」の意味があります。大切な可愛がっていたペットとの別れを経験したことがある人であれば誰もが、またどこかで巡り会いたいと思うもの。こんな言葉を受け取ったら、思わずその場で泣き崩れてしまいそうです。

他に「思うはあなた一人」という花言葉もあります。猫も犬も自分を本当に大切に想ってくれていた飼い主しかいないのです。

「大切な家族とは、たとえ亡くなっても絆は途切れない」そんなことを感じさせてくれる、あの世とこの世をつなげている真っ赤な彼岸花。またいつか生まれ変わって巡り合う日がくると思わせてくれます。

これまで、我が家で亡くなってしまった猫は、その日か次の日の朝方、夢の中でお別れのメッセージを私に投げかけてきます。そして霊界へ旅立つために霊道を走り抜けて、シュッと消えていきました。

投げかけられたメッセージで、亡くなった猫たちが、現世でどういう役割を持って生きていたのか理解することができました。

どんな生き物にもすべて生きていることには意味があり、使命と目的を持って生まれてきています。これまで出会った猫たちも、転機や危機など、私の人生と大きな関

ハマグリくん

たける

虎吉

タック

わりを持っていました。ご縁のあるペットたちは、みんな使命をもって生まれてきた、神が授けてくれたものなのです。

不思議な馬頭観音さま

我が家の横から裏の林にかけて通じる大きな霊道の中、家のすぐ裏に馬頭観音様の石碑があります。

馬頭観音は畜生道に落ちてしまった人の苦しみを救うための観音様だとされました。畜生道に落ちた人の苦しみや悩みからの救済の性格が、最初は強く支持されたそうですが、その後、飼育する馬や牛が安全で元気に働き、家の経済が向上するように願い、馬や牛の守護神、馬の神様として扱うようになり、日常的な利益を願って祈られています。

もしかすると、皆さんのお家の近くにも、馬頭観音様の石碑があるかもしれません。裏の林でも特に馬頭観音様のところが、特別なパワーを感じられる気の充満している場所「パワースポット」です。神様の鎮まるところであって、自然の力でパワーがチャージできる非日常の空間であります。

馬頭観音様の石碑のところには、パワースポットだけあって居心地がいいのでしょうね。チャコちゃんをはじめとする歴代の猫たちがよく日向ぼっこをしていました。もしかしたら自然にエネルギーを吸収するためかもしれません。

私は、小さい頃からずっと馬頭観音様の石碑にお花を供えたりして、お参りしていました。私にとっても、幸せな気持ちになれる一番の心地良いところなのかもしれません。

どんなことがあっても馬頭観音様は、いつも温かく見守って下さいます。そして、お願いしたことは、振り返ってみますと不思議に大体いつも叶っています。

私にとってここは運命が好転する神聖な神域と思っています。馬頭観音様の石碑は、私にとっての最強のパワースポットです。

神の光は紫色だと聞いたことがありますか。

私が撮る写真は、いつも紫色の光と七色の光に覆われています。ブログに紫色の光や七色の光が差し込むのをよく載せています。

紫は神様を意味する神聖な色です。かなり高い波動を持つ高貴な色とされ、紫色のオーラを放つのは、神様自身か神域に近い存在とされています。紫は霊的な観点からもとても高貴な色なのです。また霊道とは神様の通る道でもあります。

この馬頭観音様の石碑のところで、歴代の猫たちの写真を撮りますと、不思議な、とても神々しい七色の光や紫色の光、朱色の光輪の写真がよく映ります。やはりここは神様がいらっしゃる聖域なのです。

この朱色の光輪の写真は、観音様が現れて下さったと思って、ありがたく受け取っています。

霊道の中にある馬頭観音様も、非常にスピリチュアルで霊験あらたかな場所であることは、間違いありません。

黒い蝶には魂が宿る

復活の象徴や神からの歓迎の意味もありながら、なぜか「不吉」というイメージが離れないのが「黒い蝶」。

「黒猫」にも同じようなイメージがありますが、「黒い蝶」は不吉なイメージとともに神様にたとえられるような「神聖なイメージ」をあわせ持つ、まさに不思議な、とらえどころのない存在であることがわかります。

黒い蝶は亡くなった人、もしくは動物の魂が入っているという言い伝えがあり、世界各地で、蝶が太古から、「神の使い」や「死者の転生」とされていることが多いのです。

蝶はギリシャ語でプシュケー（psyche）と言いますが、この言葉には「霊魂」の意味もあり、英語のサイキック（psychic　霊媒）などの語源にもなっています。

古来より洋の東西を問わず、人は蝶を「魂」や「精神」の化身だと考えてきました。

キリスト教では蝶がサナギから成虫に変態（メタモルフォーゼ）するところから「魂の復活」の象徴とされています。

ここ日本では特に「黒い蝶」が「魂の運び屋」と考えられてきました。

葬式や墓場で見られる黒い蝶は「死者の魂が宿っている」と言われています。また神社などのパワースポットで蝶をたくさん見かけるのは「神様に歓迎されている証拠」とされていることから「神様の遣い」としての一面も持ち合わせています。

日本でも、蝶を死霊の化身とみなす地方もあり、またお盆時期の黒い蝶には仏が乗っているという言い伝えもあります。実際にお墓に行くと、黒い蝶が飛んでいる姿を目にすることが多いと思います。

現代でも、人間やペットの死後に「黒い蝶が現れた」という目撃談が、後を絶ちません。果たして、「黒い蝶」の正体は一体何なのか。そして、死や霊などのスピリチュアルな世界と、どのようにつながっているのかを主に心霊的な側面で考えてみます。普段何気なく見ている黒い蝶の見方が変わるかもしれません。

死後に目撃される「黒い蝶」の正体とはお葬式や火葬場とか、墓場や古戦地など霊的な場所で見たという体験談が、たくさんあります。

「黒い蝶」が、亡くなった人の生まれ変わりとか、転生という概念は、人間の視点による考え方に過ぎないと思います。

そもそも、「黒い蝶」自体が、死者の生まれ変わりだったりするのでしょうか。そうあってほしいところですが、それは違うと思います。「蝶」はあくまで昆虫。そもそも、人の生まれ変わりについては、早くても四～五年かかると言われています。

蝶や渡り鳥が、人間には見えない磁場や電磁波を利用して、移動しているという話は有名で、霊についても何かしらの磁場や電磁波を感じるという話もとても多いのです。動物や昆虫の感覚器官は人間が感じられないものも感じるので、霊が生きている人に何かを教えようとして蝶を代表とする動物を使うのはよくあることです。

つまり「黒い蝶が霊的なもの」というよりも、「蝶は霊的な磁場や電磁波に引き寄せられてやってくる」ということが考えられます。

でも、「蝶」には、一般の人には見えない「何か」が見えて感じられていることから、そういった場に現れるというのが正しい解釈だと思います。蝶は、見えない「何か」を感じている。おそらく、霊や神々が発する「何か」（磁場や電磁波）に対して、蝶は集まってくるものだと推測されます。

実際に私も、今まで色々な霊的な現場へ行きましたが、黒い蝶がたくさん寄ってくることは、何度もありました。霊感が強く霊を引き寄せて、本人に霊的な磁場がある場合は、その人に黒い蝶が目指してやってくることもあります。

私自身にも、霊的な磁場があるのか、黒い蝶々がよくやってきます。

結局のところ「霊的な場」で、黒い蝶や珍しい種類の蝶を見かけたら、近くに亡くなった方とか、「霊的な何か」がいると考えられます。実態のない魂や霊など「目に見えない何か」と蝶がひらひらと飛ぶ儚《はかな》げな姿を重ねているということになると思います。


墓地で見かける黒い蝶は、亡くなった方が会いにきていると解釈されます。お墓参りや法事などで墓地に赴いた際、もし黒い蝶がひらひらと近寄ってきたら「会いにきてくれてありがとう」という、蝶を使って亡くなった方からのメッセージかもしれません。

特に、秋のお彼岸の頃は、墓地に咲く彼岸花の蜜を吸う黒いアゲハ蝶をよく目にしますが、「また会いに来たよ」と亡くなった方を想う気持ちで眺めれば、不気味さではなく親しみを強く感じられるかもしれません。

だから、昔から人間には見えない「何か」を教えてくれる彼らが、これからも生き続けられるよう、私たちは生き物を大切にしていかないといけないと改めて思います。

虎吉が神隠しのように行方不明に

二〇一八年の五月は最悪でした。連休中の強風で、なんと家の入口のノウゼンカズラの木が倒れてしまいました。一瞬であっけなく根こそぎバッタリと。

これにはかなりのショックを受けました。ノウゼンカズラは一八年前、父が亡くなり、私は交通事故で頭蓋骨骨折で自宅療養中に植えた思い出深いものでした。

ノウゼンカズラは暑い盛りに、ひときわ目を引く濃いオレンジ色の花を咲かせます。つる植物で気根を出して木や壁などを這い登り、夏の間じゅう、見事に花を咲かせてくれました。毎年ずっと見事に咲いていたのに。こんなことに……。

植えた当時は、自分自身の交通事故、父の死などお先真っ暗でしたが、ノウゼンカズラの成長と同時に私も元気になっていって社会復帰できるようになりました。チャコそして虎吉、ブラッキー、と一緒に頑張ってきて、思い出がたくさんあります。

でもよく考えてみると、一八年前に人生をやり直すために植えた、そのノウゼンカズラの木が一瞬でなくなってしまったのは身代わり、厄落としのような気がしました。

「ノウゼンカズラさんありがとう。また頑張るよ」

そう気持ちを切り替え、気を取り直して新しいノウゼンカズラの木を探して植えてみることにしました。

心機一転人生やり直そう。

そう決めた矢先、一週間後に虎吉が、神隠しのように行方不明になってしまったのです。

虎吉は二〇一六年の雛祭りの日、三月三日に彗星のごとく我が家にやってきました。次の日、すぐに裏のビワの木に登って優李阿ブログのレギュラーになりました。その姿はチャコそのものでした。

突然やってきて、すぐに意気投合してちゃっかり家に入ってきたのです。全てを知っているかのように。

でも、それは当たり前のことです。なぜならチャコは虎吉に生まれ変わったのだから。チャコは虎吉を通してやりなおそうとしていました。

虎吉がやってきてから、やっぱり幸運をもたらす猫だけあって、色々なことが急速に良い方向に向かっていきました。

チャコがいた時のように写真を撮り続け、その数は万単位に及ぶほど。虎吉くんがやってこなければこんなに写真を撮ることはなかったでしょう。

虎吉がやってきてTwitterとInstagramを開始して、毎日写真を撮るのが楽しみで、不思議な画像を撮って載せ続ける毎日が続いていました。

それから虎吉が生き甲斐となって、これまでの人生にない出来事が急展開で起こり始め、なんとか元気を保って人生のやり直しをどんどんしていきました。

「神様、虎吉を授けてくれて本当にありがとう」私は毎日神様に感謝していました。

虎吉くんと七夕に短冊に願いを書きました。「虎吉君とこれからも楽しく元気に暮らしていけますように」しかしそんな願いは、それからすぐもろくも崩れてしまいました。

二年二カ月間、チャコの生まれ変わりとして、毎日モデルをしたりして楽しく暮らしていたのに、虎吉は二〇一八年五月一〇日から、突然消えて依然行方不明です。いなくなる日は、魚市場で買ってきた生魚をおいしそうに食べていたのに、どこかに行ってしまいました。交通事故なら、誰かが目にして言ってくるはず。近所の誰も目にしておらず神隠しにあったようです。

私はそれからずっと失意のどん底にいました。ブラッキーとずっとあちこち捜し歩きましたが、消息不明のまま。突然やってきた虎吉は、新幹線が駆け抜けて通過していったようにどこかに行って消えてしまった。二〇一八年の夏は虎吉もノウゼンカズラもない寂しく悲しい、とんでもない夏になってしまいました。

虎吉がいなくなってしまったことは、私の飼い方が不適切だったと言われる方もあるでしょう。本当にそうかもしれません。ずっと自分を責めましたが、どうしようもないのです。

でも私は、虎吉はいつか消えてしまう……、そんな感じがきた時からずっとしていました。普通の猫ではないような、とても儚い感じの汚れていないきれいな猫。もしかしたらこの世のものではないと思わせるくらいの神がかりな不思議な猫でした。

虎吉と過ごした二年二カ月間に撮った万単位の写真は、紫色や七色のまばゆい光でおおわれた神々しいものばかり。チャコの生きていた時の続きを、グレードアップしてやってくれていたという感じでした。

もしかしたら、私がチャコの写真を撮ることによって、生きる意味を見出してどうにか生きていたので、もっと元気になるようにチャコが虎吉に憑依してやってきたのかもしれない。

写真で見てもチャコは虎吉とうり二つで、チャコが生きている時よりも素晴らしい写真をたくさん残してくれました。お役目を終えたから、どこかに帰ってしまったのでしょうか。

でも絶対、死んだ感じはしない。私の透視の力でも何だかわからない。

虎吉は彗星のごとく突然やってきて、かぐや姫のように、お役目を終えて宇宙に旅立ったかのように消えてしまいました。

私はそれから悲しみに暮れ、打ちひしがれる毎日を送っていました。あれだけ写真を撮っていたのに、一切興味もなくなってしまいました。

行方不明になって一週間後の朝方、不思議な虎吉の夢を見ました。

私は夢の中で、玄関に立っていました。最初出会ったように、玄関から入ってきた虎吉は、家の中を通って、裏に走り抜けて裏の林の霊道に駆け抜けていったのです。

「あなたと一緒に過ごした場所。一緒に歩いた道。あの角を渡ればまた僕に会える」

夢の中で、そう言いながら猛烈な勢いで走り抜ける虎吉を私は追いかけていった。追い詰めるとそこに、虎吉そっくりの小さな仔猫が並んで横にいた。虎吉だけが、悲しいような困ったような変な顔してニャーと鳴いて、すっと消えて目が覚めたのです。

虎吉は仔猫になって生まれ変わってくる……。そう確信した一瞬でした。それから約二カ月後に奇蹟の出会いは突然起こりました。それが尊〜たける〜との運命的な出会いでした。

永遠のナイト・ブラッキー逝く

俺様は天使猫。一人で頑張っているお母さんを、守ってハッピーにするために神様が遣わしたナイト。それが俺様、ラッキーな黒猫のブラッキーなのさ。

お母さんは俺様が神が授けた天使猫とは知らないよ。

お地蔵さんに捨てられていたところを、病気が治るように参拝しに訪れたお母さんが、俺様を連れて帰ろうと、一目で決めてくれたんだ。


ブラッキーとの出会いは、チャコが亡くなった年の冬、二〇一一年一二月にお地蔵さままで有名な観光地に久しぶりに行った際のことでした。北向地蔵尊で捨てられていたのを保護して連れて帰った猫です。

当時私は、脳梗塞のあとで入退院を繰り返しており、何年も行かれなかった病気回復に御利益があると言われている「北向地蔵尊《きたむきじぞうそん》」に知人に連れて行ってもらいました。

明治の頃市外に住む重病人が、祈祷をする人に「片倉の高台の北に向いたお地蔵様に祈願すれば全快は疑いなし」と教えられ願かけし、満願の日に全快したことが由縁です。

●「北向地蔵尊」http://kitamukijizou.com/sab1.html

ここには、いつも捨て猫がたくさんいます。

北向地蔵尊に行ったその瞬間この黒猫との運命の出会いが……。

「あっ‼ ブラッキーだ‼」

この温厚そうな洋猫の黒猫を見て、以前飼っていたブラッキーという黒猫を思い出しました。

お地蔵さんにいる黒猫と大好きだったブラッキーとが重なりました。

その日は、連れて行ってもらった帰りで夕方で急いでいたし、知人に気兼ねして後ろ髪引かれる思いでしたが、家に連れて帰ることはできませんでした。

こんな優しい人なつっこい猫が、悪い人に出会って何かあってはいけない。これから寒くなるし、どうしよう、気になる……。

何をやっていても、この黒猫が気になって手につかず、頭の中をぐるぐると駆け巡りました。今思い出しても、ここまで気になるということは、ブラッキーとは縁が深かったのだと思います。

私は当時まだ運転できなかったので、身内に頼んで二日目の朝、車で二時間近くかかるその場所に、当時生きていたプーちゃんと一緒にこの黒猫ちゃんを迎えに行ったのです。

ブラッキーは以前いたブラッキーの二代目。

名前は、もちろん〝ブラッキー（二号）〟

お土産を売っている方に「ブラッキーくんを連れて帰ります」と言うと、「良かったね、運の良い猫だ!!　幸せになるんだよ」と喜んでくれました。

死神の使い⁉　の十数匹のカラスを追い払ってくれた

ブラッキーの名前の由来は、

Black（ブラック）＋ Luky（ラッキー）＝ ブラッキー

聞いたところブラッキーは、まだ幸いなことにここに捨てられて二週間以内で、あまり放浪していませんでした。

「さあ！　帰りましょう!!」

そう言ってドアを開けたら、自分で車にサッと飛び乗った。

シンデレラのかぼちゃの馬車に乗り込んだブラッキーは幸運を掴んだのです。

それが、ブラッキーの新しい猫生の始まりでした。

ブラッキーは、我が家の生活にもその日から慣れて、プーちゃんともすぐに仲良しになりました。

当時は一〇kg近くもあった大きなメインクーンで、子熊と間違われたことがあるほど。たてがみもあって貫禄のある立派な猫でした。かかりつけの獣医さんによると当時推定三歳くらいとのこと。見た目もまだまだ若い。それでも捨てるなんて信じられません。これからの輝かしい第二の猫生の始まりでした。

ブラッキーはこれまで飼った猫の中でも極めて賢く、強面の顔をしていましたが、とても温厚な優しい猫でした。犬たちの朝夕のお散歩にいつもついてきて、近所の人気者でした。

ほとんど遠出をすることもなく、いつも家の周りのどこかにいて、塀の上などで狛犬のように見張っていました。

ブラッキーにはテレパシーで伝わるのか、何も言わないのに何かあったらすぐに飛び出してきました。よく犬や猫が脱走して、林を捜索する時も、どこからともなく林に飛び入って一緒に探そうとしてくれるような、使命感にあふれた猫でした。

俺様は神が授けた天使猫。神様が遣わしたナイト。お母さんが具合悪い時もずっと見守ってきたのさ。

ようやくお母さんがうちに帰ってきて最近はずいぶん調子が良くなって楽しく暮らしているよ。

俺様ブラッキーがずっと見守っているからなのさ。出会った時から決めていた。必ず俺様が守ってやると。

また、とてもスピリチュアルな猫で、霊が普通に見えており、よく悪霊を追っ払ってくれました。一番の記憶に焼き付いているのが、チャコが亡くなって翌年二〇一二年夏の入院する前日の朝の出来事です。

私は、高熱と体中のただれで、痛くて苦しくて全く動くことができず、寝たきりでいつどうなるかわからないほどの極めて危険な状態でした。熱が四〇度位になることもしばしばで、たまに意識がなくなってしまいます。夢に出てくるのはあの世の景色ばかり。

もしかしたら、今度こそダメかもしれない……。そんなことも思ったりしましたが、それよりも痛み止めや熱さましなどの強い消炎剤を過剰に飲んでどうにか紛らわせて、痛みと苦しみに耐えること以外、余裕がなかったのです。

そんな時に、異常に裏のカラスが集まって鳴いていました。ガーガーと不吉極まりない声で。しかも目の前に、黒い服を着た不気味な黒いおじさんが見えました。

「死神がやってきた。もう今度こそダメだ」

四〇度以上ある高熱が続き、朦朧とした意識の中で本気でそう覚悟しました。

するとブラッキーがどこからともなく走ってやってきて、裏に飛び出していきました。無理やり起きて、私も裏に行きますと、さっと柿の木に登り一瞬で上まで登りつめていきました。

そこで見たものは――。

なんと、柿の木にいた十数匹のカラスを、手で次々と追っ払っていくブラッキーの姿でした。カラスは皆、いっぺんにどこかに飛び去っていってしまいました。

死神の使い⁉　のカラスを追っ払ってブラッキーは大満足そうでした。それから、物の怪がとれたように、辺りの不気味な感じがなくなりました。その当時、私は極めて危険な状態だったのだと思います。

ブラッキーの武勇伝はほかにもたくさんあります。拾って連れて帰った恩返しか、いつも私を見守ってくれるナイトでした。

今いる子たちの中では一番の古株で、入退院を繰り返していた闘病中もずっと支えていてくれました。私もそれから入院することはなく、何とか保って家で普通のことができるくらいになりました。

それから八年の月日が経ち、二〇一九年に入ってから、ブラッキーは体調を崩して気付いたら、とても大きかった体もお爺ちゃんになって痩せて小さくなっていました。推定一三歳以上くらいで、何か病気があったのかもしれませんが調べてもわかりませんでした。

二月に出血多量で二度も死にかけましたが、どうしても生きたかったのでしょう。気力で復活しました。それからもどうにかお散歩にはついて行っていました。

春になってからかなり痩せてきて、高栄養なものを与えたり、サプリメントを飲ませたり色々して、何とか生きていました。お爺ちゃんになっても、若いころと変わらず半分は外に出て、狛犬のように見張っていました。

怖い二人の男の前に立ちはだかったブラッキー

そんな中、一生忘れることのできない事件が起きました。

うちの近所には、しょっちゅう言いがかりの因縁をつけてくる精神に異常のあるような恐ろしいクレーマーがいて、とても困っていました。女だけだからと馬鹿にして、何もしていない、起こってもいないのに、あちこち通報したり、いやがらせをして言いたい放題でした。

六月のある日、車で家に帰ってくると、怖い男二人組が怒鳴り込んで車庫にやってきました。一方的に私が悪いと、訳のわからない全く身に覚えがないことを言われて取り囲まれました。

その瞬間、よれよれのブラッキーがどこからか走ってきて、その怖い男の二人の前に立ちはだかりました。その時の情景は目に焼き付いて、離れません。

男たちは老猫を目の前にして追っ払おうとしても、ブラッキーは頑として動こうとしませんでした。ブラッキーの念力が通じたのか、人間のクズのような男二人は、怒鳴り散らした後、文句を言いながら逃げていきました。

結局のところ、全くの冤罪《えんざい》とわかりましたが、誰も助けてくれず、むしろ私が犯罪者扱いでした。味方になって助けてくれたのがお爺ちゃん猫のブラッキーだけなんて……。恩返しを通り超えて、男らしい危険を顧みないナイトでした。

その姿を見て、大したことをしてやれないけれど、私は、ブラッキーを守って、どうにかして生かしてやると誓いました。薬と漢方薬、サプリメント、滋養があるフードをこまめに与えるようにしました。

でも、寿命には勝てませんでした。


出会ってから八年が過ぎたある日の夜のこと、神様が現れてこう言ったんだ。

「お前は立派に勤めを果たした。よくやった。だからもう帰ってきなさい」

俺様はすぐにこう言い返したよ。「お願いだからもうちょっとだけ待ってくれ。もう少し仲間と一緒にいたいよ。お母さんもまだ色々大変だから俺様が必要なんだ。だからまだ連れて行かないでよ」

だけど、俺様は神様が授けた天使猫。お母さんが幸せになったら、神様のところに戻らないといけない……。

神様はこう言った。

「あと半年後のお地蔵様の日八月二四日に迎えにくる。それまでにやりたいことはすべてやりなさい」と。

「ありがとう、神様。その間にやれることはやってくるから。ありがとう……」

動ける姿は八月一七日の黒猫感謝の日の画像。それが最後でした。

その時、まばゆいほどの七色の光と紫色の光で覆われて後光が差していました。

今振り返ると、それはもう神様のお迎えがきていたんだと思います。

でも次の日から、行方不明になってしまいました。

どこを探してもいませんでした。

ブラッキーは一人で隠れて死のうとしている……。

お願いだから、帰ってきて！

私は、ブラッキーにテレパシーで伝えました。


それから、二日後の夜、よれよれと道路を通るブラッキーの姿が。

帰ってきてくれた！

私の誕生日八月二四日のお地蔵様の日に戻ってきてくれました。

お風呂で水を飲むのが大好きで、お風呂場まで行くと倒れてしまいました。

ブラッキーは意識朦朧でも気力を奮い立たせて頑張って生きていましたが、もう時間の問題だと思いました。

最後までみんなの所にいたいみたいでした。無理やり水分と栄養補給と薬を与え、「元気になってまたおそとで遊ぼうよ。みんなと一緒にお散歩に行こうよ」

もう無理だとわかっていましたが、そう声をかけると、嬉しそうにニャーと泣きました。それが最後の声になりました。


それから、ほとんど動くことはなく、そのまま一週間で亡くなってしまいました。

八月三〇日、一一時二〇分、ブラッキー永眠。

最後まで諦めず生き抜いてくれました。本当は八月二四日の私の誕生日のお地蔵さんの日に、静かにどこかで亡くなるつもりだったのが、寿命を一週間延ばしてもらい、みんなに囲まれて、長老ブラッキーは去りました。家で亡くなったことが救いです。

夏の終わりとともに一緒に闘病生活を頑張ってくれた戦士の最後。一生涯ずっと、私を守って守り抜いてくれた男らしいナイトでした。

保護して約九年。うちの子になってくれてありがとう。たくさんの奇蹟を見せてくれてありがとう。生き抜いてくれてありがとう。

もうすぐ俺様はいなくなる

亡くなる瞬間に不思議なことが起こりました。

私は本の原稿を朝方まで書いていたので、起きたのが一一時くらいでした。朝起きたらすぐに用事があるのですが、何だか胸騒ぎがしたと思っていたところ、居間でバスタオルにくるんで横になっているブラッキーのところに、今まで関心がなかった犬たちが走って行って大騒ぎをして吠えまくったのです。

すぐさま、ブラッキーのいつもの居場所の廊下のテーブルの上に移したところ、呼吸がおかしくなって、私の胸の中でそのまま亡くなってしまいました。

抱き上げて北向地蔵尊で拾ってきたのも、最後に看取ったのも私の腕の中でした。亡くなった顔を見ると、はじめは悔しいような顔をしていましたが、神様が迎えにきたからか時間が経つにつれてだんだん優しい顔になってきました。まだまだ生きたかったのだと思います。

何度も何度も死にかけても立ち上がり、気力を奮い立たせて生きてきた。ブラッキーは、最後の最後まで頑張って生き抜いた。

私はブラッキーに「ありがとう」と伝えました。感謝の気持ちをいくら伝えても言いつくせないほどでした。


あれから一週間。もうすぐ俺様はいなくなる。

寝坊助のお母さんはまだ寝ている。あっ、起きてきた。いつもの大きな声がする。みんながご飯を食べて騒いでいる。いつもの音だ。すべてが愛情でできあがっているこの音は幸せの証なんだ。ああ、俺様は幸せだったんだなぁ。

もう神様が迎えにきた。今度こそは行かないといけない。お母さんはいっぱい泣くだろうな。最後の瞬間は辛すぎるからお母さんを呼ばないことにしよう。すべてが終わったら呼ぼう。

「お母さん……ありがとう、またな」って。

神様ありがとう。このうちの子にしてくれたことに心より感謝するぜ。できることならまた生まれ変わって、もう一度この家の子にしてほしいな。それが最後の俺様の願いさ。

ノウゼンカズラなどの庭のお花をたくさん取って、ブラッキーの亡骸を、仲の良かったプーちゃんの横に埋葬しました。ブラッキーを気にかけて下さった方々がお花やフードをお供えに持ってきて下さいました。

八年以上、ずっとブログに登場してたくさんの方々にかわいがってもらい、愛されて、ブラッキーはとても幸せな猫生だったのだと思います。

ブラッキーは共に生きて、私に幸運をもたらしてくれた。最後まで守ってくれた最高のナイトでした。

あの時出会っていなければ、ブラッキーは北向地蔵尊で野良猫として短い人生を終えていたかもしれない。振り返ってみると、運命共同体のブラッキーとは必然的な運命の出会いだったとつくづく思います。

出会いというのは一見偶然であるように思えますが、出会いには偶然というものはありません。出会いというのは全てが必然。全ては自分で作った必然の出会いなのです。

必然と思えることの一つに、ブラッキーが亡くなる少し前から、この本に取り掛かっていました。ブラッキーが亡くなることによって、この文章を急遽書くことになりました。

元々はペットショップで買われた猫だったでしょうが、不本意にも捨てられて、自分から我が家の一員になろうと飛び込んできた。そして九年近くも最後まで忠誠を誓って生きて生き抜いた。その生きざまを伝えようと、力を込めて書きました。これがブラッキーの一番の弔いになるような気がしました。

我が家には代々、なぜかいつも黒猫がいましたが、ブラッキーが亡くなって、黒猫はいなくなってしまいました。ブラッキーはとても賢い猫だったから、今度は何に生まれ変わってくれるのでしょう。

何でもいいから生まれ変わってまた見守っていてほしい。ブラッキーは永遠の私のナイトです。

ブラッキーが亡くなって、やはりかなりのショックで意気消沈しておりました。そ

黒いアゲハ蝶

虎吉

ブラッキー

れから、すぐに二〇一九年秋のお彼岸になり、裏庭のブラッキーのお墓に行って拝んでいると、木に大きな黒いアゲハ蝶がとまっているのを見つけました。

その蝶は、まるで何かを語りかけているように、私の周りを飛び回っているのです。その黒いアゲハ蝶は、人懐っこく近寄って、私の頭上を何度もヒラヒラと飛び回りますので、必ず意図があると思いました。

この黒いアゲハ蝶に手を差し伸べましたら、驚いたことに人なつこい感じで、すぐに手の上にのってきたのです。

家の裏の倉庫の中へ何度も入っては出てきて空を舞う黒い蝶々が、一瞬ブラッキーに見えました。亡くなったブラッキーの魂が生きている時のように裏庭を走り回り、木に登り、倉庫に入っていく……。それは生きている時のブラッキーの行動そのものでした。

もしかすると、この黒いアゲハ蝶は、ブラッキーの魂を追いかけているんだと、そのときフッと頭をよぎりました。ブラッキーが蝶を使って、私にその存在を伝えようとしていることが、ありありとわかりました。

そのとき軽い金縛りにあって、

「こっち、こっち」

という想念伝達がきました。

亡くなったブラッキーの魂が蝶に乗って、「ここにいるよ」と教えてくれたのです。

大好きなお母さん。泣かないで。俺様はいつもそばにいるよ。風になってあなたのところに飛んでいく。目に見えなくてもいつも心の中に俺様はいるんだよ。たとえ会えなくても寂しくなんかないよ。だって心はいつもつながっているんだから……。


自分がいなくなって、ずっと悲しんでいる飼い主が心配になって慰めてくれたのです。

亡くなってもここにいるよ、心は通じ合っているんだから悲しまないでとそう言いたかったのだと思います。

「ブラッキー！」と呼んだらぐるぐる回って、ここだ！　と言わんばかりにバタバタ羽ばたいて、名残惜しそうに空高くどこかへ飛んでいきました。

第4章 テレパシーの想念伝達で対話できる

動物は波動で人を判断する

動物はオーラもしくは波動を見るとよく言われますが、まず波動とはどういったものなのでしょうか？

この世界のものは全て形があろうがなかろうが、波動があります。人間、誰も周波数のような波動をもって存在しています。

人間をはじめとする動物が出している〝オーラ〟や〝波動〟というものは、私なりにわかりやすく言いますと、出している気配のようなもの。人のオーラは何層にも重なり、人によって様々な色や大きさをしています。

自分自身の持つ波動は心の状態、体の状態、思考の状態、精神や魂の状態によってできています。もちろん本人の状態が、変化すれば変わっていきます。波動は人それぞれ指紋のように異なり、高い波動と低い波動の人がいます。波動は高い方が良く、低い人も努力で波動を高くできます。

よく言われるように、オーラの色はその人が発する電磁波の波長によって変化するものであり、その人が持つ心の中の感情が現される波動によってオーラの色が変わるということが考えられます。

感情が変わるといっても、人間がもともと持っている本質的な気性というものがありますから、いつも優しい温厚な心がけを持つ人はそういう高い波動が常にあり、いつも怒っていたり、人の悪口など不平不満ばかり言うようなネガティブで心ない人はそれなりの低い波動を常に出しているといってもいいでしょう。

波動のエネルギーは一定でなく、自身の日ごろからの心がけによって変化していく流動的なもの。感謝の気持ちもなく、自己中心的で自分のことばかりの徳のない生き方をしていますと、心の中が我欲でいっぱいの醜い波動に満たされて、想念の波動エネルギーは確実に下がってしまいます。

この世には同じ波動のものが引き合う「波動の法則」が存在します。異なる波動が交じり合うことはなく、波動の質と高さによって、分類されるものです。

低い波動エネルギーに囲まれた環境で生活していると、波動の法則によって、周りと同じように自分も低い波動をもつようになってしまいます。この想念の波動エネルギーは、波動を高めない限り、長い間蓄積してしまって、人間同士はもちろんですが、接している動物たちにも様々な影響を与えてしまうのです。

あなたの今置かれている周囲の人間関係をみると、みんな同じような波動を出しているはずです。頻繁に一緒にいることで、雰囲気さえも似てきます。長年連れ添った夫婦の人相が似てくるのも、飼っているペットが飼い主と似ているというものも、同じ空間で過ごして、同じ波動を共有しているからと言えます。


猫が好きで、家でペットとして可愛がっている人は、顔や表情がちょっぴり猫っぽく感じられることがありますね。なぜでしょうか。

仲の良い夫婦は雰囲気がとてもよく似ています。これは夫婦がエネルギー的につながっていることから起こる現象と考えられます。これと同じで、ペットと飼い主はエネルギー的につながっているようです。だから顔や表情がどことなく似てきてしまうのです。

犬猫をペットとして可愛がっている人も、その飼い主と犬猫の顔や表情、しぐさがとても似ていることを感じる人は少なくないはずです。

犬や猫はサイキック能力を持ち、人間を支えてくれる

身近な犬や猫と共に暮らしていてよくわかることは、動物というのは人の〝オーラ〟もしくは〝波動〟を見て行動しているということ。動物には人間よりも、自然に不思議な力が強く備わっていることを実感しています。

優しい穏やかな人にはそれを示す色のオーラが、攻撃的で冷たい人にはそれを示すオーラというように、それぞれの性格に合わせたオーラの色があり、人間には特殊な能力がない限り、そのオーラを見ることは不可能ですが、犬猫にはそのオーラを見ることが可能だと言われています。

犬猫と一緒に過ごした経験がある方にはわかると思いますが、女性であればメイクしていようがカツラをかぶろうがいかに変装しても誰だかわかります。人は騙せてもあなたのペットは誤魔化すことはできません。

これは、犬猫が人間を見る時、メイクや服装や髪型などを見て判断しているのではなく、あなたのオーラを見ているためです。ですから、どんな格好をしても、あなた

だとわかります。

犬や猫は人間と違って、表面的なものではなく、内面からくるオーラでどのようなものかを普通に読み取っているのです。どんなに表面を繕っていても、犬猫の前では人間は丸裸なのです。

このように犬や猫などの動物たちは、人間にはない優れたスピリチュアルなサイキック能力を持ち合わせています。

猫は、古くは神として崇められ、犬は人間とパートナー関係を古代から守ってきて、いずれも人間を支えてくれる必要不可欠な動物だということがおわかりになったと思います。

何気なくあなたのそばにいて守ってくれているペットに感謝し、そのスピリチュアルパワーの恩恵を受けてみて下さい。


動物のオーラなど目に見えないものを見ることができる能力は、昔の純粋な波動の高い人間には誰にでもあったと言われています。

その証拠に、お寺などに祀られている神様の後ろには、必ず模様が描かれています。

これは、昔の波動が高い人はオーラが普通に見えていたため、そのオーラも一緒に描いてあったり、彫って作ったというものです。

現代の人間は、多くの物質に囲まれすぎてしまって第六感を使わなくてよくなってきたせいか、本来おでこにあった「第三の目」が閉じてしまった結果、目で見えるものがとても少なくなってしまったようです。

「第一の目」は、本来の目を意味し、「第二の目」は視覚の代わりとなる他の知覚器官（聴覚や臭覚など）を意味します。そして「第三の目」とは「サードアイ」とも呼ばれ、いわば「内なる目」という表現もできます。

とても神秘的な話のように聞こえますが、眉間の上あたりにあると言われる第三の目は、脳の松果体がつかさどるチャクラであり、開眼すると、直観力が冴えわたり、誰もが超能力ともいえるような優れた感覚を持てるようになると言うもの。こうした能力は第六感と共に、第三の目のチャクラと深く関わりがあります。

テレパシーは言葉を使わずに会話ができる能力

サイキック能力の種類はおおまかに、「透視能力タイプ」「テレパシー能力タイプ」「予知能力タイプ」「ヒーリング能力タイプ」「霊的触覚能力タイプ」「霊聴能力タイプ」などの六つの種類があり、高度な人は複数で持ち合わせています。

透視能力が高ければ霊やオーラ、神が見えるというのもこの一種です。そこまで高い能力ではなくとも、視覚で様々な存在やメッセージを受け取れる能力も透視と言えます。外からもたらされる情報やメッセージが、まるで映画のワンシーンか連射写真のように脳裏に浮かぶというもので、使えば使うほど冴えてきます。

テレパシーと呼ばれるサイキック能力は、言葉を使わずに会話ができる能力です。動物とも意志の疎通ができます。人の考えていることやペットや植物の言っていることがなんとなくわかるという人は、テレパシー能力タイプです。

自分自身を考えてみると、ヒーリングタイプ以外すべて持ち合わせているようです。

幼少時から大病、事故で人生がうまくいかず、ずっと動けず一人で寝ていたことから、動かなくてもすべてがわかるような自己防御のために第六感が異常なほどきわだってきたのだと思っています。

しかし、次々とやってくる逆境を経験することで、修行がある程度終わったのか、第六感がさらに冴えてきて透視能力がさらにアップし、かなりの心眼力が身に付いたような気がします。人間観察は、誰にも負けないという自信があります。

ただ、このような神から授かった能力というものは、感謝の気持ちを忘れて謙虚さがなくなると、すぐに消え失せます。

大変な時期を支えてくれた私のパートナーは、犬や猫たち動物でした。どんな状態でも、彼らは全くそれまでと変わらず、優しいままで、心配してくれました。

大病や大怪我をして身動きがとれなくなり、誰からも相手にされなくなって自らが弱い立場に立ったことで、自分が捨てられた犬や猫たちと同じだと思ったのです。

理屈ではなく、そこで初めて、ようやく彼らの気持ちがわかったような気がしました。やはり、どん底まで落ち込まないと、人の気持ちはもちろん動物たちの気持ちもわからないのでしょう。

猫は悪い波動エネルギーを吸収する

現在の、パソコンや携帯電話にスマホ、電子レンジその他の電気機器に囲まれる生活では、いたるところから有害な様々な波動エネルギーが放射されています。

そんな生活に関して猫と犬のエネルギー的な特性の決定的な違いをご存じですか？

科学ジャーナリストのほおじろさんという人のブログにその記述があります。

●ほおじろえいいちの情報 http://www.eiichihojiro.jp/

猫は人間に有害な電磁エネルギーを好み、犬は嫌うのです。そして犬は人間に有益なエネルギーを好みます。つまり、人間と犬のエネルギー特性は同じで、人間と猫のエネルギー特性は正反対なのです。

だから猫がいつも気持ち良く休むような場所は、たいてい人間に有害な電磁波が存在しています。その場所に犬を連れていくと、犬はそこを嫌って逃げ出してしま

虎吉

青太郎

たけるとタック

うでしょう。

逆に犬がいつも気持ち良く休むところには、人にとっても良いエネルギーがあると言われています。

犬は猫とは正反対のエネルギーに敏感な生きもので、人間に有害な電磁気を嫌い、人間に良い波動エネルギーを好むそうです。犬たちは人間に有害な波動エネルギーにも敏感で、犬を一緒に連れて歩くと、悪い波動エネルギーのある場所を感知することができます。

古代ローマ時代の人たちは土地を買う前に、牛と犬を連れて行ってその土地の良し悪しを調べたと言います。

牛や犬は電磁場的に人間の健康に良い場所を好み、そういう場所に行くと気持ち良さそうに横になり寝てしまうのだそうです。

だからローマ人たちは牛や犬が気持ち良さそうに寝る土地を買ったのだそうです。そのような土地は、現代風にいえばヒーリング・スポットなどということになるでしょう。

土地を買うのに猫を連れて行って調べることができるかどうかはわかりませんが、

猫を家の中で飼っていると、彼らが私たちの身体に有害な電磁波を吸収してくれることは確かなようです。

ネコの電磁波吸収能力については、最近、ロシアの科学者たちによっても確かめられていると言います。

猫は犬と全く逆で、人間にとって健康に良くない電磁気エネルギーがあるところで、気持ち良さそうに寝てしまうと言うのです。冬、外に雪が降っていて、家の中にはコタツがあって、猫がそこで丸くなっていることが多い。

パソコンのところに無性に行きたがる。それは猫たちは電磁気エネルギーが大好きで、それを自分の身体に吸収したがるからとも言われています。

もし猫を飼いたいけれど飼えない事情があるのであれば、ネコカフェなどで猫と触れ合うだけでもエネルギーのバランスを整えることができるので、行ってみてはいかがでしょうか。

猫は好んで電磁波を吸収するので、私たちの身体にたまっていた有害な電磁波のエネルギーを吸い取ってもらい、エネルギー的な特性によってアニマルヒーリングになるのです。

猫は私たちから電磁気のエネルギーをもらえるので、猫と人間はWin-Win（ウィンウィン）の関係、相互利益のある双方に得のある良好な関係を築くことを示しています。

猫はストレスを和らげ癒しを与えてくれる

「アニマルセラピー」という言葉を知っていますか。アニマルセラピーは「ペット療法」とも言われています。

近年、猫と犬などのペットと触れ合うことによって、癒されて心身を健康にしていこうというアニマルセラピーが注目されています。動物に触れ合うことで、心が癒され、ストレスを軽減させることができたり、自信を持たせたりといったことを通じて精神的な健康を回復させることができると考えられています。

ペットたちと心を触れ合わせることによって、波動エネルギーを取り込んで、心理的に良い効果が表れて、癒されるからなのでしょう。

認知症や知的障害、精神疾患を抱える人たちが、猫や犬の存在によって少しでも回復に向かったり、心を開いてきたり、心が優しくなることや希望を抱くことだけではなく、リハビリにも役に立つ効果があると言われています。

触れ合いや交流を通じて病気やケガまたは精神的な痛手を受けた人の不安を減らし、気力を高め、心と体を癒す働きをする高度な訓練を受けた犬たち、セラピードッグもいます。

アニマルセラピーと言えば「セラピードッグ」をまず思い浮かべますが、「セラピーキャット」の最近の活躍も目覚ましいものがあります。

猫は「ただ、かわいい」だけの生き物ではありません。人を癒やしてくれる「セラピスト」として活躍している猫もいるのです。

今では猫を飼っていない人にも猫カフェがあり、猫による癒しの効果を実感している方も多いのではないでしょうか。

ロシアでは、人間がもつストレスを取り去ってくれるという猫信仰で猫を飼っている場合が多いそうです。

ロシア人は、昔から猫のスピリチュアルな能力を知っていたのです。

もともと、磁場が悪かったり、気の流れが悪い場所は、事故や自殺が多いと言われています。猫が一匹いるだけで自殺者が減る、と言う話も聞いたことがあります。猫は、心が辛い時にはそっと寄り添って、あなたが知らないうちに悪いエネルギーを吸い取って心を浄化してくれているのかもしれません。

猫はストレスを和らげて安心感や癒しを代わりに与えてくれる動物だと言われています。それと同時に感情を和らげてくれます。

例えば怒りであったり、心配や悲しみ、恐れや不安などストレスにつながってしまうものを軽くしてくれるのです。自分では感じたりすることが難しいのですが、猫にはしっかりと傍にいる人の感情がわかっているのです。

なので、いつもは自由気ままに生きているような猫ですが、飼い主が悲しい時には、その波動で不思議と傍にそっと寄り添って癒してくれるもの。なにも言わずにただ黙って傍にいるだけでも、悩みごとや苦しかったこと、悲しかったことを全身で受け止めて癒してくれる猫は、人間にとって欠かせない動物なのです。

幸福を呼ぶと言われる猫と共に過ごしていると、周囲にいる私たちにも良いことが起こる傾向が高いと言われています。

これらは猫に優れたスピリチュアルパワーがあることを示すもの。このように、猫には少なからず人間にはない能力や、感覚があることがわかります。

化け猫や祟りの伝説など、恐ろしい存在となる話も多い猫ですが、死の直前まで寄り添うセラピーキャットなど、不安や恐怖を和らげる癒しの力こそが猫が本来持っている力のように感じます。

猫がいたから生きてこられた私

スピリチュアルの世界でよく登場するのが「魂のレベル」と言う言葉です。精神レベルつまり魂のレベルが低いとマイナス思考になりがちになってしまったり、心配性や不安症、人の悪口や愚痴などネガティブなことを言ってしまいがちです。

一方で魂のレベルが高い人は、基本的にプラス思考で将来に向けて希望を持って、ポジティブに今を精いっぱい楽しんで生きていくことができるのです。

猫と一緒に生活することで、猫が負のエネルギーを吸い取って癒してくれて、魂のレベルが不思議とアップしやすい傾向にあると言われています。

猫と一緒に過ごすことによって生き甲斐が生まれて、人生が大きく変わった人もいます。私自身も猫たちと暮らしていくことで、人生が充実して、前向きに生きていけることを実感しています。

占い師やヒーラーとして活動している人の多くが猫を飼っているという事実をご存じでしょうか。猫には、人間が受けた邪気や悪い気を浄化してくれる役割もあると言われています。

私の知り合いのヒーラーも猫が好きで飼っている方が多くいます。

自分自身のことを振り返ってみると、私はとても沢山の恩恵を猫から受けていることを痛感します。

小さいころから三つ目がそのままあったのか超能力が冴えわたっており、未来予知もですが、スプーン曲げはもちろん、気に入らないと念力であらゆる電化製品を壊したりと、私自身が電磁波の塊で、極めて破滅的な幼少期を過ごしました。

一三歳で難病になり、ずっと体を壊してボロボロになったのも、その外に向けた強烈な力が、そのまま自分に帰り矢のように戻ってきて自滅したのは自覚しています。

最近までずっと入退院を繰り返し、年を重ねて脳梗塞までして、どん底まで落ちてようやく修行がある程度終わって悟りの境地に至ってきたのでしょうか。

自己中心的だったのが人の痛みを理解できるようになって、険がとれたのかようやく病状も落ち着いてきました。

思い返すと、赤ちゃんの頃から猫は常に傍にいて、猫と共に成長し、それから今まで、世代交代で色々な境遇の猫たちを飼い続けてきました。

不思議なことに、黒猫はどこからかやってきていつもいます。自分の発する強烈な電磁波を、猫たちにずっと吸い続けてもらっているから、これまで生きてこられたのだと、改めて思いました。

たくさんの猫を救ってきたつもりが、私の方が救われてきていたことに、気付いたのです。猫たちがいなかったら、私はこの世にとっくにいなかった。

これまでの猫たちへの恩恵に、言い尽くせないほどの感謝の気持ちでいっぱいです。

これからも生きている間はできることはしていこうと心に決めています。

「動物の扱いが変われば国が変わる」

猫にはすごい力があって、人間にこんなに貢献しているというエネルギーの視点で見ると、野良猫など不幸な境遇にある猫たちの見方が変わってきませんか。

猫のスピリチュアルパワーをもっと世の中に知ってもらって、不幸な猫たちをもっと大事に扱ってほしいのです。

猫様は偉いのです。だからもっと大事にされてほしい。猫たちと共存することで、人間はよりよく暮らしていけるはずです。

この世は人間だけのものではないのです。人間本位の驕りだけでは人類は滅びてしまうのは目に見えています。犬も猫ももっと大事に扱われるようになれば、人間にとっても平和な世の中になることは、間違いありません。

インド独立の父マハトマ・ガンジーが残したとされる次のような有名な言葉があります。

〝The greatness of a nation and its moral progress can be judged by the way its animals are treated.〟
（国の偉大さと道徳的発展は、その国における動物の扱い方でわかる）

もともとの意味としては、

「命を重んじて、愛情から湧いてくるような自然な行動ができる道徳的な価値観のある国が、悪い国を作るとは思えない」つまり「愛情から湧いてくる自然な行動が、悪い国を作るとは思えない」というようなニュアンスです。

この言葉の意味を返せば「動物の扱いが変われば国が変わる」と言うことだと思います。この言葉をもとに日本という国を見てみると、日本は世界に例を見ないぐらいの「後進国」になるのではないでしょうか。

いや、ものすごい「発展途上国」になるのかもしれません。動物福祉の点において日本は後進国であり、道徳も国の偉大さも持ち合わせていないのが現状なのです。

現状のままなら、いつまで経っても可哀相な犬や猫たちが減ることはありません。非常に残念です。

しかし、国とか法律とかいう以前に、もっと日常レベルでの、我々一人ひとりの考え方が重要であり、命に対する、一人ひとりの意識の向上が必要だと思います。

自分のペットを最後まできちんと飼う、できれば飼い主のいない不幸な犬猫に目を向けて引き取るようにするなど、一人一人の価値観を変えていくしかないと思います。

もちろんこれは、人間に対しても同じことが言えます。弱いものをいじめる行動は、動物たちだけではなく、弱い立場の人間に対しても確実に向かってきます。

強いものが弱いものを虐げる、そんな世の中が許されるはずがありません。強いものが弱い立場のものを助ける、守っていく。そんな社会が理想ではないでしょうか。

一人でも多くの人が、小さな生き物の命を大切に思う気持ちを持ってほしいと思います。そうすれば、無念で悲しい亡くなり方をする犬や猫たちがきっといなくなるはずですから。

みんな幸せな一生を過ごしてほしい。心からそう願います。

動物同士は日常的にテレパシーで会話している

心を持つ人間を始めとする動物たちは、みんな想念があります。想念とは、心の中で想うことすべて。波動というものは、人間、動物、植物など身の周り全ての物体から出ているエネルギー体のようなものと言ってもいいでしょう。

動物の持つサイキック能力のなかに、「テレパシー能力」があります。

テレパシーとは、双方の想念伝達で会話することを言います。想念伝達とは、心の中で思っている想念の波動エネルギーのやり取りです。もっと根本的には、魂と魂との会話といっても良いでしょう。

わかりやすく言うと、テレパシーで、思いのエネルギーが波動となって伝わってくるというような感じです。

例えば、この人嫌いだ、もしくは好きだと想った瞬間、その想念は相手に波動エネルギーとして伝達されていきます。人によって、感知する能力に差がありますが、なんとなく嫌われているとか好かれているとか、その雰囲気でわかることが多いですよね。

このなんとなくの雰囲気が、その人が相手に向けて発する思いのエネルギーの波動、つまりこれが想念の波動エネルギーなのです。

想念伝達によって波動エネルギーを受けた人の受信機の性能は、人によって違います。霊感が強い人やサイキック能力がある人のように、受け取る人の受信機が高性能でしたら、言葉で気持ちを聞くまでもなく、その想念を理解して心の中をかなり読み取っていくことができるのです。

人間同士でなくとも、動物同士、動物と人間との間にも、心の中の想念の伝達は行われています。動物同士は、日常的にテレパシーで会話をしています。

言語がまだ人のコミュニケーションツールとして確立されていなかった頃は、きっともっと普通に人間もテレパシーを使いこなしていたのだろうと思います。

犬は、いわゆるテレパシーによる想念伝達で、お互いに話をすると言われています。もちろん、吠えたりして実際に声を出すこともありますが、それらはあくまでも補助であって、実際には、テレパシーを手段としてコミュニケーションを取っているのです。

猫にもテレパシー能力がもちろんあります。猫は猫同士で会話するときにもテレパシーを使って情報交換しているとも言われています。

例えば、あそこのうちは優しくてご飯をくれるよ、など野良猫同士でしているかもしれません。あなたのうちに、次々と野良猫がやってくる時には、猫同士でテレパシーを使って情報伝達をしている可能性が十分あります。

このように猫のテレパシーは、日常的に身近なものなので、私自身、これまで色々な猫たちに、テレパシーで話しかけられたことがあります。

実際にこの本は、歴代の犬や猫たちと私のテレパシーの会話のお話がほとんどです。

「あなたが大好きです」という意思をテレパシーで動物に伝える

うちに飼っているプードルのプリンスとチワワのぶる公は、大好物のおやつのジャーキーをあげようかなと思ったらすぐに、食べようと飛んでやってきます。

別におやつのことを声に出しているわけでもないのですから、おやつをあげようという気持ちをプリンスとぶる公はテレパシーのような想念伝達で読み取っているということになります。

尊～たける～は大好きな「ちゅーる」をあげようかと思った瞬間に、まだ出してもいないのに、くれくれと手を出して騒ぎます。猫も人間が発する言葉だけでなく、想念の声も聞きとる能力があることがわかります。

私はよく不規則に外出しますが、その時はタックをずっとゲージの中に入れて留守番してもらっています。自宅へ帰る際に、まだ距離があるのに、遠くからかすかにゲージの中で吠えている声がいつも聞こえてきます。

プリンスとぶる公は、玄関で吠えながら待っています。

亡くなったブラッキーも、いつも庭か塀のところで帰るのをずっと待っていて、帰ったら飛んで迎えにきました。これは、飼い主である私が、心の中で「今から帰ろう」と思っているのが、テレパシーで伝わるからにほかなりません。

ペットと飼い主が深い信頼のきずなで結ばれているほど、こういうことが起こるようです。

当たり前のことですが、身近な犬や猫などの動物をはじめ、すべての動物たちには〝心〟があり、感情があります。

人間は自分の感情や意志を言葉で表現できますが、動物は言葉を使えないために態度や表情など行動や泣き声で、主に意思を示すことになります。

動物は、自分の心の中にある想念を飛ばして私に話しかけてきます。動物と話すと言っても、魂同士のテレパシーのやりとりのような会話だと言えるでしょう。

テレパシーによる想念伝達とは、特別なことではなく、本来、人間も持っていたのに、人間は言葉と引き換えにこの能力を失ってしまったのです。

生きている動物は眼のあたりから、テレパシーのような念力で思いの波動エネルギーを伝達して気持ちを送ってきます。人間も動物ですから同じですが、動物は言葉を使えない分、人間よりも念力が強いような気がします。

ただし、動物も人間と同じように、心の中の想念を読み取る際には、心を開いてくれなければ、テレパシーは伝達せず、会話は成り立ちません。

動物が心を許すようになるというのは、それは眼で落とすという感じでしょうか。動物は心を許すと、コロッと態度を変えますのですぐにわかります。それは、動物の感情はその種類にもよりますが、基本的にとてもストレートで真っ直ぐなものだからです。

人間は、言っている言葉や態度と本心が全く違うことが多々あります。

しかし、動物は、感情と行動が一致しており、送ってくる想念と態度は全く一致しています。本当に正直な生き物だと言えるでしょう。

私は別に特別な人間ではなく、動物と心を通わせていたことからこのような想念伝達ができるようになったのです。

皆さんも、自分のペットとテレパシーでお話ししてみてはいかがでしょうか？

猫と会話するきっかけとなった野良猫アゴちゃん

今現在は、ある程度の動物の感情を想念で読み取ることができるようになった私ですが、そういう心を読み取る能力がついたのは生まれつきではありません。

小さい頃から、動物が大好きで、捨て猫を拾ったりしては、飼っていました。飼い主に捨てられて、言いたいことがいっぱいあるだろうな、動物が言葉をしゃべってくれたらいいのに、とよく思っていたものです。

動物の心の中、いわゆる想念がある程度はっきり伝わりだしたのは、二〇歳前後ぐらいだったと思います。ちょうどその頃も持病がかなり悪化して、入退院を繰り返し、いつどうなるかわからない状態で、病院と家にこもる生活でした。

一番楽しい年ごろに、好きなことはなおさら普通のこともできず、心は完全に閉ざしていました。社会から遠のいて、人と話をすることがあまりなくなってきたせいか、言葉で気持ちを伝達するという人間としての機能を意識することが少なくなっていました。

当時は、飼っている猫を含めて野良猫もたくさんいて、家には裏の林からやってくるタヌキなど、野生動物に囲まれている環境で、野鳥もたくさんやってきてくれて、彼らが私の友達でした。

動物たちとは言葉ではなく、テレパシーでやり取りすることが、この頃から本格的に始まりました。

当時、私の部屋の窓際にはいつも覗いて遊びにくる黒いキジトラの野良猫がいました。その猫は交通事故で完全にアゴがずれており、私は〝アゴちゃん〟と名づけていました。

アゴちゃんは、後遺症で喉をやられたのか鳴くことができず、声を全く聞いたことがありませんでした。でもアゴちゃんは、前向きで優しく、とても陽のエネルギーにあふれた明るい気さくな猫ちゃんでしたので、一緒にいるだけで元気をもらえるような感じでした。

今思えば、アゴちゃんは、私の人生最大のセラピーキャットでした。精神的に最も落ち込んでいた時をアゴちゃんが救ってくれたのです。

そんなアゴちゃんと毎日顔を合わせていると、なんとなくアゴちゃんの言いたいことがわかるようになってきました。そして、だんだん仲良くなって信頼関係ができてきますと、もっと具体的な想念がテレパシーで明確に伝わってきて、何が言いたいのかよくわかってきたのです。

「おまえ、いいヤツそうだな」、「もっとおいしいものをくれ！」とか、「暇そうだから遊んでやろうか？」というような、具体的な心の中の想念がテレパシーで伝わってきて、鳴かないアゴちゃんと、知らず知らずのうちに無言で想念伝達により、会話のやりとりを普通にしていたのでした。

私が動物との会話ができるようになったきっかけは、声が出なくて鳴くことができないアゴちゃんとの、テレパシーのやり取りによる心の交流から始まったのです。

最後に伝わってきた想念「やさしくしてくれてありがとう」

ある日、とても落ち込むことがありました。その時にいつも一緒にいた心の友アゴちゃんは、私に向かって不思議なことを言ったのです。

「おまえさんは、不幸じゃないんだ、幸せなんだよ」と。「どうしてそう思うの？」と聞いたら、「おまえさんは、心が元気なのさ。おれにはわかる。心が陽で病気じゃない。だから病気もきっと良くなる。心まで病気になったらおしまいさ」さらにアゴちゃんは、自信を持ってこう言いました。

「心が前向きで明るいから、幸せなのさ」闘病している当時は、辛いことが多く、アゴちゃんの言っている意味がよくわかりませんでした。でも、今ははっきりとわかります。


幸福とは、自分の心が決めることであって、他人が見て決めることではないからです。幸福とは誰でもない自分自身しかわからない概念だからです。

交通事故で顔に怪我をして、苦労を重ねた野良猫だったアゴちゃんは、辛い経験を通して、猫なりに幸せというものをはっきりと認識したのでしょう。

病気で社会に出ることができない人間と、捨てられて傷ついた野良猫とが、励ましあって世の中の片隅で頑張って生きている。私にとっては、アゴちゃんが生きる心の支えになっていました。

優しい心を持ったアゴちゃんと一緒におしゃべりするささやかな楽しいひとときが、当時は、お互いとても幸せでした。

病気は嫌ですが、辛い闘病を小さい頃からずっと経験してきたことによって、普通にできるということが、ありがたい出来事であり、とても幸せに感じています。だから、どん底を味わってきた自分は、何が大事なことがよくわかって、ある意味とても幸せなんだ、とつくづく思うのです。

アゴちゃんが言いたかったことも、きっとそういう心の中にある幸せのことを指していたのだと、今は思っています。

人生は、〝陰と陽〟の〝正と負〟で〝正負の法則〟が成り立っています。不幸という負を経験したからこそ、幸福という〝正〟がくっきり浮かび上がってきて、幸せを実感することができるのだろうと思うのです。

そして、人生は決して悪いことばかりじゃない。悪いことが続いても、心がけ次第で必ず良いことが待っていることを実感しています。

アゴちゃんは、自由に暮らしていたので、飼おうと思っても家にずっといてはくれませんでした。よく遊びにきていた心の友のアゴちゃんも、ある日から何日か見なくなってしまいました。とても心配して、毎日探していました。

それからまもなくして、お別れの想念が、横たわっているアゴちゃんの景色と共に私の心に飛び込んできました。私はその景色の見えた場所に一目散に走っていきました。そこは、近くのアパートの階段の後ろ側の陰のところで、全く人目につかない場所でした。

そこでひそかに死のうと思って、亡くなる前に私にお別れの挨拶をしようと思ったのがテレパシーで伝わったのです。アゴちゃんはやはりそこで瀕死の状態で横たわっていました。もう意識はありませんでした。

死に場所にそこを選んでいたのでしょう。そして、アゴちゃんは私が抱きかかえたその瞬間に息を引き取ったのです。その時の光景は一生忘れません。

最後に私に伝わってきた想念は、「やさしくしてくれてありがとう」という感謝の気持ちでした。

アゴちゃんは、きっと私に最後を看取ってほしかったから、一人で死のうと思ったけれど、テレパシーでこの世からいなくなることを、お別れに教えてくれたのだと思います。

捨てられて野良猫で交通事故にもあって苦労しながら、小さい体で精一杯生き抜いたアゴちゃんに、「よく頑張ったね。一緒にいてとても楽しかったよ。ありがとう」という気持ちを伝えました。さらにアゴちゃんにこう伝えました。

「今度は五体満足でちゃんと鳴いてお喋りできるように、生まれ変わってくるんだよ。うちの子になってまた一緒に生きていこう。ずっと待っているからね」と。

アゴちゃんとの楽しくおしゃべりしていた思い出が走馬灯のように流れてきました。声が出なくて体が不自由でも前向きに強く生きて、私が大変な時にたくさんの勇気と感動をくれたこと。一生懸命に生きて生き抜いて完全燃焼したのでしょう。最後の優しい安らかな死に顔を、今でも決して忘れることはありません。

それから一〇年近くが過ぎて、アゴちゃんの言ったように、病気の治療がようやく効いてきて、不思議なことにずいぶんと回復してきました。人より一〇年遅れましたが、大学に行くことができるようになり、もう一度人生をやり直すことができました。

「アゴちゃん、ありがとう」テレパシーでそう伝えました。アゴちゃんに出会えたことを神に心より感謝しました。

それから時が経ち、色々な猫たちを保護していって、アゴちゃんのことも記憶から薄れていき、思い出すこともほとんどなくなりました。

でもとうとう、アゴちゃんは本当に生まれ変わってやってきたのです。亡くなってから三〇年が過ぎてようやく、ブラッキーが亡くなる直前にバトンタッチのように、スライド方式でやってきてくれました。

それが、シャム猫の青太郎です。青太郎は五体満足でよく鳴く、お喋り好きな猫でした。永遠のナイトだったブラッキーの代わりに、青太郎ことアオちゃんとして、アゴちゃんは長い年月を経て、この世に、我が家に戻ってきてくれたのです。

売れ残りのプードル・プリンスと、チワワ・ぶる公との不思議な出会い

保健所収容の犬や猫と違って、ペットショップの売れ残りも一目で見えない分、悲惨です。元々ペットショップでペットを買う気などさらさらなく、そんなところとは無縁と思っていましたが、そんな考えを覆すような信じられない出来事がありました。

二〇一六年のある日、退院してから月に一回程度の定期診察に行くことになり、その前に、いつも寄って買い物をするホームセンターに行きました、その奥にはペットショップがあるのですが、自分には無縁だと思いながら、どんな犬や猫がいるんだろうか？　と気になって単なる興味本位で覗いてみることにしました。

血統書付きで十数万円から数十万円という高価な仔犬や仔猫がたくさんいました。

そこで一匹のレッドのトイプードルを目にします。当時一歳三カ月でもまだ十万円を切るくらいで高額でした。片目が少し潰れていてあまり手入れもされておらず、見なければよかったものの見てしまったので、気になって覗き込んでみました。

そのプードルはゲージの中をグルグルとずっと回って落ち着きがありませんでした。じっと見ていると、すべてを諦めたような無表情の顔をしていました。そのプードルの悲しい想念がテレパシーで突き刺すようにきました。

ボクは名無し
とりあえずついている商品名があるらしいが本当の名前ではないよ
ここにきてまだ少し。もう何度もあちこち連れて行かれて疲れた
ショーウインドウの中は窮屈だ。誰か出して。走り回りたいよ
ボクはお父さんが有名なチャンピオン
だから絶対に、いいところに引き取られるよ
ずっとそう言われながら、どれくらい経つんだろう
最初は、可愛いってちやほやされたけど
触るだけ触ってみんなどっかへ行ってしまったよ
あちこち行ってる間に、ボクは仔犬ではなくなった

今になっては、誰もボクを見ず、ボクを呼んでくれず、誰もボクに触れない
周りには小さい仔猫仔犬はたくさんいて、みんなそっちばかり見てる
みんな大きくなったボクなんかどうでもいいんだね
ボクはだんだん透明になっていく
もう誰にもボクが見えないんだ
ボクはここにいる　ここにいる
目が痛いよ　だれか助けて　ここから出して

このメッセージを聞いて胸が締めつけられるような気持ちになりました。売れるのか心配でしたが、急いでいたのでその日は立ち去りました。

次の診察の時にも、その次の診察の時にもまだ売れ残っていて、価格はさらに下がって、もう一歳半は過ぎてしまっていて底値だとその時感じました。このまま買い手がなかったらどうなってしまうんだろう。急に心配になって、次の診察の日にまだいたらその時考えようと思いました。

気になりながら、次の診察の日に恐る恐るそのホームセンターのペットショップに

立ち寄りますと、なんとそのトイプードルはいませんでした。

売れたのか、いやそんなことあるはずはない。とても悪い予感がしたので店員さんに聞いてみますと、やはり売れてはおらず、裏の方にいました。半年近く置いても問い合わせもなかったので、またしてもどこかに行く予定だったそうです。やはり悪い予感は的中しました。

「すみません。お願いですが、あのトイプードルを私に売って下さいませんか？」そう言ったら、店員さんは喜んですぐさま裏から連れてきてくれました。

するとそこには、なんと生後八カ月の白黒のチワワも一緒にいました。そのチワワはペットショップを移動するたびごとに店員が二回も落として頭蓋骨陥没したことがあり、売り物にならないというのです。売り物にならない二匹が引き取り屋を待ってか、裏でゲージに待機していたところでのグッドタイミングでした。

想定外の出来事でしたが、この犬たちには縁があると確信して、一瞬でこの二匹を購入することに決めました。片目の潰れた一歳七カ月という月齢を重ねすぎたトイプードルと頭蓋骨陥没の痕がある生後八カ月のチワワ。

この売れ残りというよりも売り物にならない二匹の行く末は知れています。今どうにかしなければ絶対に後悔する……。ずっと気になって頭にはありましたが、くるべき時はきたという感じでした。

店員さんは良心的で、この二匹はいつどうなるかわからないから犬の代金は取らず、平均的な愛護団体に引き取られるときに払われる、かかった経費の額と同じくらいのもので済みました。

金額はどうでもいいのですが、これまでかかったワクチン代と血統書の交換代だけお支払いしました。ここは良心的な店のほうで、先行き不明の二匹に突然の引き取り手が現れたと、とっても喜んでくれました。

このトイプードルはお父さんが有名なチャンピオンだったそうで貴公子から「プリンス」、白黒チワワはフレンチブルドッグみたいなので「ぶる公」と名付けました。ペットショップの売れ残りというか、それを越して非売品だったプリンスとぶる公は、こうして我が家の一員になりました。

プリンスとぶる公

プリンスと
ぶる公とタック

青太郎とたける

青太郎

ボクは世界で一番幸せな犬になったんだ！

「一緒に帰ろう」と言うと無表情だったプリンスが一気に笑顔を取り戻しました。
その時の嬉しそうな顔を今でも忘れません。

あれからどのくらいの時が過ぎただろう
ボクは何も感じなくなった
もう心まで死んで透明になってしまったんだ

そんな時にあの人が現れた
あの人だけはほかの子を見ずにボクだけを見ていた
あの人にはボクが見えるんだ
ボクは不思議でたまらない
心が死んで透明になっていたのに

あの人がゲージから出して抱っこしてくれた時に
思わず嬉しくて吠えてペロッと舐めてしまったんだ

そしてボクに名前がついた
お父さんがチャンピオンだからお前はプリンスだって
ボクはプリンス
あの人が名前を呼ぶたびに　ボクの心に色がついていく
ボクはもう透明じゃない
ボクは嬉しくて走り回る
ボクはプリンス
世界一幸せな犬になったんだ

ペットショップで犬を購入するなんて、絶対にあり得ないことでしたが、月齢を重ねすぎたり怪我や病気の子を実際に目のあたりにして現実をみると、どうしても放ってはおけませんでした。

いくら血統書付きの高価な犬でも、売れ残ったら本当に悲惨です。最後はどうなるか知れています。

プリンスやぶる公みたいに月齢を重ねても売れない子は、溢れるほど世の中にいるでしょう。その末路は知れています。

それからは、そのペットショップはもちろんどこのペットショップも覗いてみることすらしませんでした。

次々生ませては売る繁殖業界。助けてもキリがない。加担することになってしまうので、可哀想ですが蓋をすることにしました。

できることなら、皆助けてやりたい。でも今のペット業界自体に根本的な問題があるので、蛇口を締めなければどうにもならない。

私にはペットショップの犬猫の背後に、哀しい一生を終えた子たちの影が見える。表面的に可愛いとしか見ていない人は真実に目を向けていない。

ペットショップで売られている犬や猫は私にとっては可愛いと思う以前に、哀しみの対象にしかすぎませんでした。

今回の自分自身が体験したことで、命というものは絶対に売ったり買ったりするものではないと教えられました。ペットショップなんて絶対いらない、そう思わせる自らが体験する出来事でした。

縁があって我が家にやってきた訳ありの二匹は、みんなと仲良く幸せに楽しく暮らしています。

ペットショップの売れ残りの犬や猫もですが、実際その時は欲しいからと思って買った犬や猫でさえ、簡単に捨てる人がいます。私も以前ペットショップで犬を買った人から、どうしても飼えないからと保健所に行く前に、何匹か引き取ったことがあります。無責任甚だしい話ですが、こういうことは沢山あるのです。

血統書付きの犬は、引き受けても比較的に里親が決まりやすかったことは幸いでした。ただし、あまりにもネグレクトと虐待で酷いトイプードルを引き取った時には我が家で飼うことにしました。

これが今もいる黒いトイプードルの男の子のジャックです。詳しいことは『犬たちからのメッセージ』（ロングセラーズ刊）に載せています。

このように、保健所にいるというだけでなく、別の問題でペットショップにいる動物たちも、いつどうなるかわからない境遇にいます。

ペットショップの子たちは、今の愛護法でそのまま保健所には連れていけないことから、引き取り屋など闇で目に見えない形で処分されていることを考えると恐ろしい。

可愛い盛りの二、三カ月が過ぎれば、価格がだんだん下がっていき、最後に売れ残ったらどうなるか知れていません。それ以前に、もし病気を持っていたり、身体のどこかに異常や奇形があったりすれば、もうそれは商品価値がなくなって何らかの形で処分されることが多いのです。

ブランド志向だけの価値観の人たちは、何度もペットショップで買っては、イメージが違うから、飽きてしまったから、吠えてうるさい、大きくなって可愛くなくなったからと言って、驚くべき、想像もつかない、絶対にあってはならない無責任な理由をこじつけて、おもちゃ感覚でぬいぐるみを捨てるかのように捨てたり保健所に持ち込むケースは少なくありません。

ペットは〝物〟ではありません。我々人間と同じく、生きていて大切な命を持っているのです。

ペットたちを一番苦しめているのは、そうした〝中途半端な動物好き〟がいるからではないかと思います。流行っているから、見た目がいいからという、ブランド品を買うような感覚です。

そういう人たちには、命を預かっている意識なんて全くない。いらなくなったら捨てる。見栄と虚栄心の塊で、命の尊厳のかけらもない。命に関する価値観が全くおかしい。

少しずつ、本当に少しずつですが法律の改善をくり返したり、消費者である私たちが声を上げていき、状況がより良くなっていくことを望んでいます。

ペットショップが日本に根付いているのであれば、批判するだけでは何も解決しないので、例えば里親を新しく募集する仕組みだったり、犬も猫も人も幸せな道を選べるよう手段や方法を日々模索していく必要があると思います。

ペットには何の罪もありません。ですからペットショップでこれまで買われた方は、今まで通り可愛がってあげて下さい。

そして次に飼われる時は、保護犬や保護猫を選択肢に入れて下さるように、どうかお願いいたします。

第5章

生まれ変わって また会うことができる

生ある物は輪廻転生をする

みなさんは、「輪廻転生」というものを信じますか?

個人的には、命あるものはやはり輪廻転生するのだと思います。ここでお話しするのは、私の主観的な考え方です。

輪廻転生は、科学では解明できないもの。あらゆる物質や魂が、消滅と再生を繰り返しているという宇宙の法則です。科学的根拠がないから輪廻転生なんてあり得ないと否定することもできないと思います。

一番気になるのは、亡くなってしまったペットがどうなっているのかということではないでしょうか? 私たち人間の魂が輪廻転生しているように、犬も猫も鳥も生きとし生けるもの、どの魂も輪廻転生しているのです。

ペットである愛犬愛猫が死んでしまうことほど、飼い主にとって悲しいことはありません。そんな時、生まれ変わって、またどこかで出会いたい、と本気で願っている人も多いと思います。

生まれ変わりという現象は、本当にこの世にあるのでしょうか？　この問いに応えられるのは、実際に亡くなった後でしかわかりません。しかし誰にもわかるわけはないかというと、世界中には生まれ変わりを示す人たちは多く実在し、たくさんの証拠があります。私たち生あるものは皆、輪廻転生するのだと言います。

輪廻転生と言うと、仏教の教えのように聞こえますが、実際はその他の宗教でも説かれていたことだったようです。

私は特定の宗教には属していませんが、宇宙、大いなる神の存在は信じています。とくに日本は無宗教なので、輪廻転生のような話はなかなか受け入れ難く、このような話をすると怪しく思われてしまうこともあります。

チベット仏教の教えによれば、すべての生きとし生けるものは輪廻転生すると言われていますが、それは一時的に肉体は滅びても魂は滅びることなく永遠に継続するということです。

インドなどでも、輪廻転生として、人間が色々な動物に生まれ変わると考えられています。

しかし人間の魂というのは基本的に人間に生まれ変わり、動物は動物として生まれ変わるのが現実であると思います。

動植物と人間の魂には、違いがあります。動物はやはり動物として生まれ変わってくることが多く、動物から人間に生まれ変わることは少ないでしょう。

犬なら犬、猫なら猫と、同じ動物に生まれ合わせることが絶対ではなく、人間に親しく生まれ合わせる動物には、その時代において人間と身近に生きる生命として生まれるのではないかと思います。

例えば昔であれば牛や馬を育てて共に働く存在として、親しく飼い主とつながっていたとします。

それが現代では牛や馬を家庭で飼う人はほとんどいないでしょうから、ペットとして犬や猫に生まれ変わる、ということもあるのでしょう。

決められたルールとか、あの世からのサインがある訳ではありませんが、やはり犬であれば、犬に似た動物、猫やウサギ、鳥など、人間との関わり合いが深い、立場が同じような別の動物に生まれ変わることもあると言われています。

この世は人間界と言われていますが、人間界の中ではやはり他の動物は人間に生まれ変わるのが目標であり、数度転生を繰り返して徳を積まないと生まれ変われません。と言ってもペットとしての犬猫からすぐに人間に生まれ変わるかというと、そうではないようです。

犬猫がこの世で果たすべき役割は、一生懸命生きて誰かの役に立つことです。それは人間の役に立つだけでなく、周りの動物や自然といった全てのことに対してです。あなたがペットと過ごした時間をとても有意義に感じて、楽しい思い出や癒された感情を持っているなら、そのぶん犬は徳を積み、人間に生まれ変わる確率も高くなると言えます。

魂の境涯、この世に生きていく上でおかれている立場として、人間より動植物が劣っているように思われますが、必ずしもそうではありません。動植物の中で、人間の魂の境涯に近い魂としては、ペットなど人間の近くで飼われている動物がいます。

彼らは人間と共にこの世で生きることで、愛を知って、人間に近い魂を持つようになっていきます。その中には、人間として生まれ変わるものもあるようです。

ただし、動物の魂の進化として、人間として生まれ変わるのが優れていると決まっているのではなく、その動物として高度な精神性を持った存在になっていくケースもあると言われています。

亡くなってしまったペットの生まれ変わりのサイクル

ペットと人間の魂の違いとして、動物の魂は、人間よりもはるかに生まれ変わりが早いという説があります。亡くなってから数カ月や数年でまた別な動物の肉体に宿って生まれるようです。

動物が生まれ変わるサイクルは約一〜二年ほどという説もありますが、動物によってそれぞれではないでしょうか。でも、亡くなったペットたちは、優しかった飼い主に再び出会いたいがために、次の転生をめざしてまっしぐらに霊界を走り抜け、すぐに生まれ変わってくるという場合もあるそうです。

逆に、不幸にも人間に虐待されたり、無残に殺されたりした動物たちは、恐怖から脱出することができず、輪廻転生のスピードが遅く、なかなか前に進むことができない、つまりなかなか生まれ変わらない、とも言われています。
ましてや、そんな動物たちが虹の橋のたもとで亡くなった飼い主を待っている、などということはあり得ません。そして、動物たちにひどいことをした人たちには、必ず因果応報でツケが返ってくることは間違いありません。

動物霊は、かなり早いサイクルで輪廻を繰り返しているようですので、飼い主が亡くなった時には、ペットの霊は、すでに別な場所に生まれているということもあり得るのです。

かわいがっていたペットが亡くなってしまったら、ショックから立ち直ることはとても困難なこと。「幽霊になっても会いにきて」と、そんな悲しみに暮れている時、ふと亡くなったペットの気配を感じたり、暖かく包まれているように感じることはありませんか？

愛情を込めて最期まで一緒に過ごしたペットが亡くなってずっと悲しんでいると、なかなか生まれ変われず、そのまま飼い主さんの守護霊になることがあると言われています。

また亡くなったペットが、今生きている犬や猫に憑依して、自分の存在を飼い主に知らせてくれる場合もあります。一時的かもしれませんが、その憑依した犬猫は亡くなったペットにそっくりな言動をします。

飼い主の守護霊になったり、他のペットに憑依することがあったにしても、きちんと成仏して、生まれ変わったらこのようなことはなくなります。

人間の世界ではよく四十九日で亡くなった人は、この世から旅立つことができるとされています。

では犬や猫はどうなのかというと基本的に、動物たちは、人間よりも生きていた時の未練が少ないと言われているので、飼い主があれこれ心配するよりも、案外、あっさりとあの世に旅立って行けるのかもしれません。

それ故に、犬猫の生まれ変わりは人間より期間が早いとされています。早ければ数時間後には生まれ変わることもあるとされるほど、犬猫の魂は死んだあとスッと成仏できるのでしょう。

家族から愛されて、最後の瞬間まで幸せだったと感じることができれば、生まれ変わりは早いと言えます。

私たちが執着しすぎてしまうと、この世にとどまることになりなかなか天界にペットたちが行くことができません。その結果として、魂はいつまでたっても輪廻転生することができなくなってしまうのです。


そのようにして、ペットとしての動物とも深いつながりで結ばれている場合には、生まれ変わってもまた再会するということがあります。

愛犬愛猫が亡くなって、次に飼った犬や猫は昔の犬としぐさが似ている、生まれ変わりに違いない、と思って接することは悪いことではありません。それほど昔飼っていた犬や猫への愛情が深かったからのことです。

でも、はっきり言って、生まれ変わりかどうかはどうでもいいのです。理解してほしいのは、今生きている、今側にいるペットを大切に考えてほしいということです。

結局、どんなにごたくを並べても、そのペットが生まれ変わりなのかそうでないかなどは、誰にもわかりません。

それよりも、今出会えたという縁を大切にして、そのペットの一生を楽しく過ごさせてあげるように、今を大事にしましょう。亡くなったペットは、ずっと心の中に生きています。その思い出を胸に、目の前にいる犬や猫と共に生きていきたいですね。

生まれ変わりについて言うと、私たち人間や動物など、生きとし生けるものは皆、何度も何度も生まれ変わって、あなたの動物とは過去世で何回も出会っています。

今一緒に暮らす動物とあなたは、これまでに何度となく出会っているのです。そして、中にはあなたの今世の過去で一緒に暮らした、もしくはご縁があった動物の可能性もあります。

そもそも「生まれ変わり」とは亡くなったペットの魂が、別の形となって、この世に戻ってくること。

あなたに会いたいというペットの気持ちが、虹の橋のたもとを飛び越え、生まれ変わってくることも十分にありうるのです。

今生きているこの現世で、可愛がったペットとまた会えるといいですね。

お互いにまた会いたいという気持ちが強ければ、あなたとペットの魂を持った存在とを、神さまが会わせてくれるでしょう。

いずれにしても、飼っていたペットに対するあなたの愛情が本物で、あなたとの絆が本物なら、また会える可能性はあるのです。それがいつで、どういう見た目で再会するかはわかりませんが、あなたに会いにくる可能性は高いのです。現世かもしれないし、あなたが亡くなって生まれ変わった来世かもしれません。

亡くなっても飼い主とペットの心の絆は、永遠なのです。

これから、私自身が体験した三代にわたる犬と猫の生まれ変わりの、とっておきのお話をいたします。

チャコと虎吉が生まれ変わり、保健所で見つかった尊（たける）

二〇一八年五月一〇日から、どこかに行って消えてしまった虎吉。

あまりに悲しみに明け暮れる日々のなか、それから二カ月過ぎたある日の朝方に夢を見た。虎吉が出てきて、こっちに近づくとだんだん小さくなって最後には仔猫になってやってきた。そして私の手のひらで包み込む。

次の日もその次の日もまた同じそんな夢を何度も見ました。虎吉が仔猫に生まれ変わる夢を。

それからもいつものように、夜中に「ペットのおうち」の里親募集など、保健所収容犬や猫の情報をリツイートしたりして次々と拡散していたら、ある一匹の仔猫の写真をみつけて突然、雷が落ちたような感覚で、目が釘付けになりました。

「虎吉がこんなところに……」

二〇一八年七月二四日「ペットのおうち」で運命の仔猫を発見。

虎吉が生まれ変わったと確信。ビビッときました。

翌日二五日朝一番、すぐに山口健康福祉センター防府支所保健所に駆けつけました。案内してもらい、そのまま保護して帰りました。

生後三週間くらいのまだまだ赤ちゃん。その仔猫は夢と同じように私の手のひらに包み込まれて、そのまま我が家に連れて帰りました。

命名　尊～たける～

尊～たける～の名前の由来は「日本武尊（ヤマトタケルノミコト）」から取っています。

「日本武尊」のように「勇ましくなってほしい」「困難にも打ち勝てる強さを身に付けてほしい」そんな意味を込めました。

たけるくんは、優しくてたくましい、名前通りの子になりました。

突然消えた虎吉に心の整理がつきませんでしたが、「ペットのおうち」の運命的な出会いで一転しました。チャコそして虎吉が尊～たける～に生まれ変わったと確信しています。

私があまりに悲しむので、消えてすぐに尊～たける～に生まれ変わってこの世に帰ってきた。猫は妊娠して生まれるまでが約二カ月。虎吉がいなくなってから逆算するとその時点で、尊～たける～を身ごもったとするとピッタリ計算が合います。

我が家のみんなともすぐに仲良くなりました。

まだまだ赤ちゃんで、ぬいぐるみがお母さん代わり。ぬいぐるみのおっぱい？を飲んでました。

何もかもがソックリというか、そのものです。引き取ってから一週間がたちましたが、まだまだ片手に乗るくらいで小さい。それなのに、我が家のすべてを知っているかのように至る所を自由自在に動き回ります。あちこち行っては大騒ぎ。何でも興味津々。「チュール」も大好き。

一カ月が過ぎて、生後二カ月くらいに。ちょっと大きくなってしっかりしてきました。

すでに我が家のボス。いやアイドルです。わんぱく坊主で好き放題沢山食べて大きくなりました。網戸に登るのが大好き。メチャクチャですが、みんな仲良く幸せそう。

ある日、初めて尊〜たける〜を裏に連れていって、チャコのお墓に挨拶しました。たけるは不思議な顔をしましたが、その時、チャコに見えました。

たけるはオスですが、可愛い顔をしていて、成長すればするほどチャコとそっくりになってきました。

お墓のところの木に乗せて、ちょっと木登りをさせてみましたらサッと登りました。木に登りたがるなんて、さすがチャコの生まれ変わりだと実感しました。生後二カ月でモデルデビュー。普通の猫は自ら木に登ることはありませんが、さすが歴代モデ

たける

ル猫チャコの生まれ変わりだけあります。

それから生後三カ月が過ぎて、ますますモデル猫としての磨きがかかってきました。表情も豊か。たけるはモデルの意識が虎吉やチャコと同じように高い。成長するごとに可愛くなるたけるくんは、ちょい悪風の虎吉というよりも、とてもキュートでますますチャコにも表情もソックリ過ぎて間違えて「チャコ！」と呼ぶほど。

ある日、たけると一緒に裏の林の中にある馬頭観音様に参拝に行きました。たけるは大喜びではしゃぎ回ります。その時、何かをジッと見つめています。神さまの出現です。それを見て、たけるは立ち上がって崇めるような格好をしました。

たけるは只者ではない、神の使いであることを再確認しました。

命のリレーのバトンタッチ

たけるを引き取ってから一年が過ぎた二〇一九年七月。たけると外に出てふと見上げると、なんと去年バッサリ倒れたノウゼンカズラの木に、その子どもが二つも育っていて、しかも一年以内で急ピッチで成長してたくさんの花を咲かせていました。「見て見て、頑張ったよ。あなたも頑張って」と言わんばかりに見事な花を咲かせていました。

今年はあきらめていたノウゼンカズラの花が見事に咲いてくれた。犬や猫や植物は裏切らない。満開のノウゼンカズラを見て私は一気に元気になりました。

チャコは亡くなっても夢でも度々出現してきました。「私はここにいるわ」とチャコは亡くなっても霊界から駆けつけてくれて、魂は永遠であることを体当たりで実証してくれました。

チャコが最後に夢に出てきた時は、虎猫と一緒でした。

その後、虎吉が突然やってきました。それから二年二カ月後に虎吉は突然神隠しのように消えて、尊〜たける〜がやってきました。今思えば、彗星のごとくやってきた虎吉はチャコが憑依していた一時的なものだったのかもしれません。

チャコから虎吉、そしてたけるが生まれ変わってきてくれて、また写真を撮ったりして私も生まれ変わったように元気になってきました。

たけるは赤ちゃんからのやり直しなので、パワフルです。チャコはたけるを通して生きている間にできなかったことを再びしようと、続きをしているのがありありとわかります。

「また頑張っていっしょにやり直そうよ」

これからもっと素晴らしい人生を送れるように力を合わせて生きていこうと。たけるはパワーアップして生まれ変わってくれました。

たけるは保健所出身の子です。そのまま引き取り手がなかったら、命のロウソクの灯は消えて、この世にはもういませんでした。

生きているからこそ、明るい未来を作っていける。毎日のように保健所には猫たちがたくさん収容されています。保健所の子たちに目を向けて下さい。そしておうちに迎えてあなたの愛を注いで下さい。愛を受けた猫は必ずあなたに無償の愛を与えてくれ、人生が素晴らしいものになるはずだから。

保護犬の希望の星・奇蹟の犬タック

二〇一六年、ようやく退院してすぐにTwitterを始めとするSNSによってタイムリミット殺処分の犬や猫たちの事実を目のあたりにして愕然としたのです。殺処分まであと何日………リアルタイムで拡散されています。

その時世の中の本当の地獄を知ることになりました。

何とかしなければ……。

一匹でも助けたい。そこで私も拡散する仲間入りとなったのです。

そのSNSで拡散しているときにタックを知ることになります。それがタックとの運命の出会いでした。

四万三、二一六という数字。これは平成二九年度、自治体に収容されてやむなく殺処分された動物（犬、猫）の数です。平成二八年度（二〇一六年）殺処分数五万五、九九八に比べて殺処分数は減少傾向にはありますが、今でも毎日どこかの自治体で殺処分は行われています。

タックもこの数字のプラス一頭になる運命でした。飼い主持ち込みで保健所に収容された米軍基地のベースキャンプにいたアメリカ生まれの秋田犬とシェパードミックスのオス。

この犬の存在をSNSで知り、そこからが運命の出会いの始まりでした。

捨てられた犬に名前はなし　管理番号28-1-131

「咬傷犬」とレッテルを貼られた噛む犬、唸る犬はすぐに殺処分の対象。保健所にたくさんの面会があるなか、威嚇するタックにみんながスルー。このままでは殺されてしまう。タックの写真の後ろにはっきり死神がみえました。「お前に救えるか？」と私に語りかけました。死神は笑って私に挑戦しているかのようでした。

期限ギリギリ最後の日。最終的に誰も手を挙げないまま……引き出せるのは私しかいない。この犬を救えるのはもう自分しかいないと確信して覚悟を決めました。その瞬間、死神は消えていました。

清水の舞台から飛び降りる気持ちで、引き取ることを決意。殺処分の期限最後の二〇一六年一〇月四日の午後のこと。皮肉にもその日は世界動物の日。保健所に実際にいってみるとやはり私しかおらず、命のロウソクが消えかけていたタックの命が、私の見切り発車の行動と人の助けによって紙一重でつながりました。保健所は独特な雰囲気があります。行ってみないとわかりません。犬や猫たちの無念さがヒシヒシと伝わってきます。

元々は米軍岩国基地（山口県岩国市）の兵士に飼われていましたが、生後約五カ月の二〇一六年九月末、「子供を噛む」との理由で捨てられ、保健所に収容されてしまいました。飼い主に首輪をしたままリードで引っ張られて、こんな噛みつく犬は殺してくれと咬傷犬として保健所に飼い主に持ち込まれたのです。マイクロチップまで入れていたのに。

その時は一生飼う気であなたの家族に迎え入れたのではないのですか？

威嚇する、噛みつく犬は、すぐに殺処分対象。このままでは殺処分になってしまう。最後の日も愛護団体も誰も引き取らなかったので、覚悟を決めて保健所から引き取りました。

今度こそは私が動かないと殺されてしまう。そうしなければ私は絶対に一生後悔をする。

ギリギリに、保健所の一番近くの地元のトレーナーさんに連絡したら保健所まできて下さって、快く引き受けていただきました。これが最初のトレーナーさんです。

「誰もが敵だ、誰も信じない」咬傷犬だったタック

この仔を見た時の第一印象は、誰も信用していない、全てを否定している、そんな眼をしていました。

外国で生まれて日本に来てすぐ虐待されたのか。挙句の果て生後五カ月で保健所にぶち込まれたのです。

最後に人間に撫でられたのは、いつだったのでしょうか。

この仔にとって人間の手足は凶器と同じ感覚なのでしょう。ちょっと近づくだけでも全身で警戒して唸り、口角を上げる。まだあどけないこの仔犬の表情を見ると胸が

苦しくなりました。

「誰もが敵だ、誰も信じない」

そんな想念がやってきました。

飼い主に見捨てられて咬傷犬として保健所に持ち込まれて、あまりにも過酷な出来事が続いたため完全に心を閉ざしている。

想像以上に大変そうで、大丈夫か？　どう立ち向かおうかと本気で考えました。


こんな小さい体でずっと辛い思いをして、結局はセンターにぶち込まれて……怖かっただろうに。小さな体で精一杯威嚇して。みんなが敵だったのだろう。

私は、檻の中を覗き込んで、

「私が新しいあなたのお母さんよ。これから一緒に生きていこう」

という想念伝達をしました。

すると、恐怖で威嚇していた表情が一瞬でくるっと笑顔に変わりました。

その瞬間、私の不安も一気に解消しました。どんよりした雲が去ってパッと晴れわたったような感じでした。

殺処分なんて絶対にあってはならないこと。

私一人の見切り発車でしたが、引き出してくれた地元のトレーナーさんや遠くまで連れていってくれた友達。きちんと対応してくれた保健所の職員さん。すべてのタイミングが重なり、救出できました。

ただただ助けたいという気持ちだけで、誰にも相談することもない断行で勝手にやったことですが、結果的に本当に良かった。笑顔を見てそう思いました。今ではそんな自分の行動を褒めています。だって、そうしなかったら死んでいたんだもの。

タックの消えかけた命の灯はどうにかつながった。やはりタックは強運な犬です。助けに行こう。そう決めた瞬間、不思議なシンクロが起こり、グッドタイミングが続いて、思い切って引き取って、いや引き取れて本当に良かったと心より思いました。

これは神の力だ。この犬には生き運がある。モーゼの十戒のように生きる道ができた。私はただの手伝いにしかすぎないのだと、その時そう確信しました。

私が引き取ることで名前がつきました。

裏の狸のタックにそっくりなことから命名しました。

タック（ＴＡＫ）です。

保健所でもタヌキちゃんと呼ばれていたそうです。

岩国の保健所に直接面会して引き取りに行って、そのままではとても飼えないことから、躾をしてもらうためにトレーニング施設に直接搬送しました。

新しい飼い主となった私のもとでタック（ＴＡＫ）という名前を付けて、ここから、新しい犬生の始まりで運命の輪が回り出しました。

タックとの出会いはまさしく運命とも言えるもの。神がかり的な奇蹟に他なりませんでした。

追跡能力があることから警察犬訓練所へ

岩国のトレーニング施設に一カ月半置いてもらって、遠いことから一一月二四日に地元山口の訓練所へ移動しました。

この時は、まだ多少唸ったりしており、しかもストレスのせいか、かなり痩せていました。やはりまだきちんとした状況でなかったから不安だったのでしょう。

今度は近いので、毎週面会に行って、基本的なしつけをしてもらい、私には相当慣れてくれました。しかしなかなか言うことを聞かず、まだ躾もなっておらずめちゃくちゃで、わんぱく坊主でした。

でも頭がとてもよく知能犯で脱走したりと大変でした。

地元の訓練所に入れて五カ月が経って、ずいぶんと慣れてもう飼うには十分だったので、家に連れて帰ろうと思いましたが、そこの訓練士さんから、思いがけないことを聞かされます。

「追跡や捜索の能力が優れ、警察犬の素養がある」と。

色々考えましたが、可能性にかけて、またしても二〇一七年四月にここを引き上げて、小野田にある警察犬訓練校に入れて確かめてみることにしました。

新しい訓練所に移動すると、さらに見るからに明るい良い子になっており、元々、大型犬の秋田犬とシェパードミックスということもあって体格も良く、立派な犬になってきました。

タックは使命を感じており、訓練士さんの言うことをよく聞いて訓練して、警察犬の試験を受けるスキルも半年間という早さで身につけるくらいになりました。新しい訓練所に移ってからの変わりように行くたびに驚かされたものです。やはり、きちんとトレーニングをしてもらうことで変わることを実感しました。

タックは犬ながら、良い子になって期待に応えようと頑張っていることが、ヒシヒシと伝わってきました。私も、それに応えていこうと心に誓いました。

威嚇する攻撃的な犬は「咬傷犬」として殺処分になりやすいのですが、再び環境を良くして愛情を注いでいくと、どんな子でも必ずやまた良い子に戻ると信じています。

タックをなぜ引き取ったのかは自分でもわかりませんが、ひとつだけハッキリ言えることは、優しさや善意からではなく、自分が助けたいと思ったからです。ただただ生きていて欲しいと願ったのです。心に傷を負っているからこそ、苦しみだけではなく楽しいこと、嬉しいこと、生きている喜びを知って欲しかったのです。

私は、個人で動くだけでボランティア活動者ではありません。犬猫が可哀相だからと動いている善人でもありません。

生きていて欲しい……。ただその願いからだけ。

生きているからこそ、命があるからこそ未来があります。

今では我が子のように可愛い。私の息子のようなもの。なくてはならない存在です。

我が家にはタックや他の子たちもいるから、私はもう病で倒れることができません。何度も死にかけて再起不能と呼ばれていた病人が、病気自体は治っていないにしても、今はありがたいことにやりたいことができています。

やろうと思ったら何でもできると自信もついてきました。振り返ってみると私はこの子を助けたのではなくて、反対に助けられて今の自分があるということをしみじみと感じております。

そして向き合う飼い主の在り方で犬も変わるということを実感しました。その人の人となりその生き方が、共に生きている犬の命に反映します。

変わらなくてはならないのはいつも人間の方です。本当に変わったのはタックでなくて、私自身の方でした。

運命的な出会いに感謝することによって、不思議な展開で新しい素晴らしい未来が始まってくるのです。運命というものは、精一杯頑張った人に奇蹟というかけ橋を架けてくれる。

タックとの出会いは、そう確信する出来事でした。

タックは社会性を身につけて、世の中に役立つ犬になりつつある

保健所から引き出して、二年二カ月の訓練を一通り終えて、二〇一八年一一月二六日にようやくタックを我が家に連れて帰ってきました。

タックはひとまわり大きく大人になっていました。うちは初めてのはずですが、昔からいたように、すんなり馴染んで家に入りました。

約二年という時間がなかったかのように最初からスッとなじんで、我が家の猫二匹と犬三匹（プードルのジャックとプリンス、チワワのぶる公）ともすぐに仲良しに。

今は本当に心から楽しそうで家の生活にもすっかり慣れて、皆とも昔からいたように暮らしています。特に猫のたけるとは大の仲良しです。

しかし、すぐに現実的な問題にぶち当たります。タックが帰ってきて、すぐに我が家になじんだものの、うちの犬や猫と家の中で遊んでばかりで散歩に行こうとしない。いや、外にも一切出ようとしない。大きな家犬、座敷犬であることに驚いたを通り越して呆れました。

まずは、社会生活を普通に送れないと、いくら訓練しても本末転倒だ。タックは頭が良く、高度な訓練はしてもらっていて試験や服従訓練はすぐマスターするけれど、社会性がないのでは意味がない。

これではダメだ。帰ってきてすぐに現実問題に直面して、浦島太郎の玉手箱を空けたような気分に陥りました。

考えてみると、保健所から引き出してずっと訓練所にいて外に出ることもなく、私と訓練所のトレーナーさんくらいしか人と触れ合わず、狭い世界しか知らない井の中の蛙で、社会性がないのは当然です。

確かにそれでは警察犬以前の問題で、普通の犬としてもおかしい。生まれ持った遺伝子レベルで臆病でメンタル面が弱いのかもしれませんが、外に出していないので、世の中のことは何も知らないから、まだ何も始まっていないのです。

タックは臆病ですが、賢く優しい犬です。でも社会性がなければいくら賢くても外に出られない。ニートな東大生？　ハーバード大学の学生？　大きな宿題が残されたまま帰ってきたのです。

普通の社会性のある犬にするように思い切って外に出すことに決めました。最初は引っ張ってでも無理やりにでも散歩に出かけたのですが、何度もこける。引っ張られて手は腱鞘炎になってしまいました。

それから二カ月が経って、気づけば普通に外でお散歩できていました。車がきても人がきても平気。あまり引っ張ることもない。外をあまり怖がらなくなり随分慣れてきたように思いました。

タックが帰ってきて約三カ月が過ぎて、すっかり我が家の生活にも慣れてきたある日、とっても感動した出来事がありました。

タックとたけるがいつものように遊んでいたら窓が開いており、たけるが脱走。たけるは室内飼いでこれまでも何度も脱走したことがあって、連れ戻すのが至難の業でした。それを見ていたタックは、外に飛び出して追跡開始。すぐにたけるを発見しましたが逃げられ、諦めず追い込み、つかまえてご用となりました。そしてたけるは無事ゲージに入りました。捕まるまでの所要時間は一〇分以内。ご満悦な表情でした。

タックは使命を感じて一生懸命に探してくれました。タックを褒めてやりました。タックは猫探偵もできます。それから、たけるが脱走するたびに捕まえてくれて、逃げたらタックが捕まえてくれるからいいやと安心で、とても頼もしい存在になりました。

さすが長期間頑張って警察犬の訓練をしただけのことはあります。なかなか結果にはつながらないけれど、無駄ではなかった。追跡能力は前の訓練所でも評価が高かったのも、家に帰ってからうなづけることがたくさんありました。

もっと社会性を身につけることで、タックの高度な訓練の成果が日の目を見る日がくる。そんな希望を持てるような一日でした。

タックは普通の犬としての暮しをする中でずいぶん変わってきました。時を取り戻すかのように優しい社会性のある犬になりつつあります。

環境によって、人間はもちろん犬も生まれ変わることができるということを、タックは体当たりで教えてくれます。それはどの子にでも言えることです。愛情と環境によってだれもが生まれ変わることができるはず。

タックの警察犬への受験をきっかけにしてマスコミも保護犬がここまできたことに注目してくれて、これまでテレビのニュースにも出ましたし、新聞にもたくさん掲載されました。

以前、読売新聞のインタビューで私はこう答えました。

「それぞれの訓練所でタックの利口さと追跡能力の高さを評価された。捨て犬でも、社会の役に立てることを証明することで、命の大切さを伝えたかった」と。

警察犬の試験には二度落ちましたが、頑張っているタックを通して保健所出身犬に対する見方は、変わってくると信じています。

私が敢えてタックに警察犬の試験を受けさせた理由はそこにあります。捨てられた犬がここまでやれるんだということを証明したい。私は本気です。

しかし、実際に人を信用していない捨て犬を飼うことは大変です。自分の経験からしても恐ろしいくらいの根気と絶対的な深い愛情が必要です。人に見捨てられた犬が求めているのは、人間との絆、愛されること、ただそれだけと思います。犬は愛情を注げば必ず応えてくれます。タックと私は強い信頼関係で結ばれています。

タックは私には特別になついています。なぜなら、ずっと愛を注ぎ続けているから。そしてタックも無償の愛を私にいつも与えてくれます。

人が変われば　犬も変わる。向き合う人で　犬は変わるもの。

変わらなくてはならないのはいつも人間の方です。

その私たちの精一杯の想いに応え懸命に人を信じようと生まれ変わったタック。

保健所収容の犬や猫に目を向けて下さい。不幸な犬や猫たちのことをもっと知って

タック

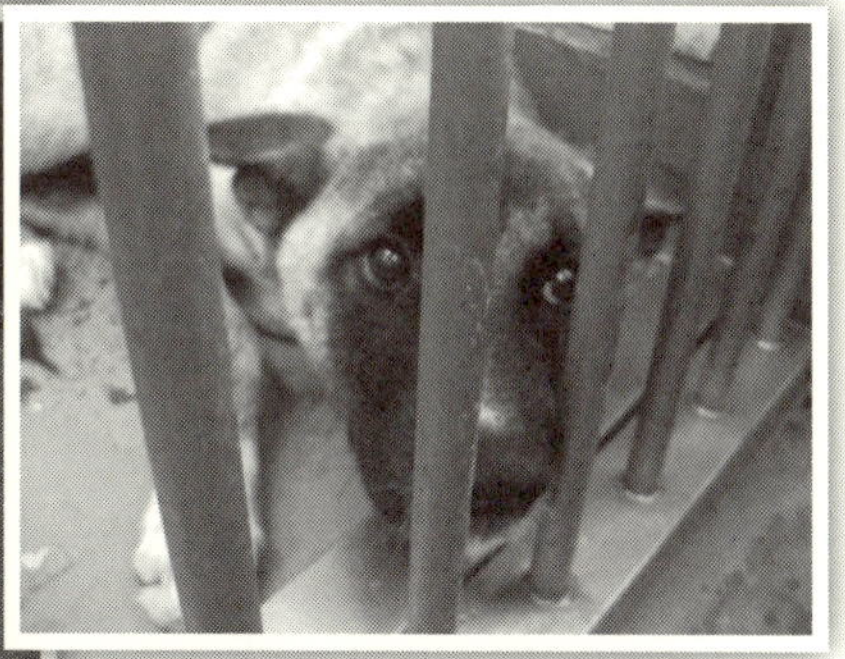

ほしい。みんな命がけなんです。助けを待っているんです。引き出さないと殺されてしまうんです。

殺処分されるはずだったタックがこんなにも良い子になって二人三脚でここまで頑張ってきた奇蹟の軌跡。捨て犬の希望の星タック。いつかは、どんな形でも社会に貢献できる日がくると信じています。

三世代にわたる生まれ変わりの犬と猫

二〇一九年秋に『僕のワンダフル・ジャーニー』という映画が上映されましたが、これはペットであった犬が、主人公に寄り添うために五〇年間に三度も生まれ変わってくるお話です。

スムーズにあの世に帰れていたら、それくらいのスピードで生まれ変わることもあるはずです。

私の場合もそれが当てはまり、私が幼少期から四〇年間に、犬と猫がペアで三組が生まれ変わってずっと寄り添って生きてくれています。

一代目は私が一〇歳前後で飼ったチョンキーとミーコ。

チョンキーは『犬たちからのメッセージ』（ロングセラーズ刊）に詳しく載せていますが、これも殺処分直前に保健所が開催した譲渡会での不思議な出会いでした。ミーコは同時期に、引っ越しか何かで飼えないからという人がいて家に置いて帰った猫でした。

チョンキーとミーコは大の仲良しでいつも一緒にいました。

当時私は、難病が発病したとても大変な時期で、この二匹が支えになってくれていたことを覚えています。

当時は、まだ動物の医療が今ほど進歩しておらず、チョンキーはフィラリアで七歳くらい、ミーコもうちにきた時からそんなに若くなかったので、一〇歳くらいで亡くなってしまいました。

それから、私が大学に遅れて行き始めた三〇歳くらいの時に動物病院で犬のプーちゃんと出会いました。それから、数年後にチャコがやってきました。

これまでの本で書いているようにチャコも捨て猫で、危機一髪で救出した猫でした。

チャコとプーちゃんは、私の人生で最悪な四〇代を体当たりの恩返しで支えてくれました。彼らがいなければ、私の今はない一緒に戦った同士でした。

三世代に渡る大きな共通点は、犬と猫が異常に仲が良いこと。タックが帰ってきたとき、たけるはまだ小さく、会わせて大丈夫かな？　と思いましたが、一目見て意気投合して大騒ぎ。大きなタックと小さなたけるはいつも一緒にいて、飛びついたり追っかけ回して遊んでいて、まるでトムとジェリーのようです。

チョンキーが生まれ変わったプーちゃんは、小さなプードルでしたが、本当にとても長生きして共に頑張って生き抜いてくれました。

チョンキーの「何度も何度も生まれ変わってお前のそばにいる」そして、プーちゃんの「大きな犬になってすぐに生まれ変わる」という最後の言葉。

その大きな犬は、プーちゃんが亡くなってちょうど二年が過ぎて、殺処分直前に引き取ったタックだったのです。タックを保健所から引き取った時はそんなことまで考える余裕はありませんでしたが。今思えば、必然の出来事でした。

この本を書く時に写真を整理していたら、改めてあることに気づきます。それは、一代目チョンキーとタックが顔がそっくりだということ。これには驚きました。タックは、よく見たら若い時のプーちゃんとも眼が特に似ています。

チョンキーとプーちゃんは犬種が全く違いますが、犬にはあまり好かれない私に異常なくらい執着があること、亡くなったものを弔うことなど、全く同じ習性を持っており、直感でハッキリと同一だとわかりました。

タックも同じように私だけに異常な執着があります。

猫に関しては、ミーコもチャコもたけるもそっくり。虎吉くんは、今思うと生まれ変わりというよりも、もしかしたら〝つなぎ〟のような感じで憑依していたのかもしれません。

生まれ変わった動物本人は、今を生きていて、前世がどうだったかなど覚えているはずはないのですが、でもあまりにわかりやすい輪廻転生で、明らかに生まれ変わったことがわかります。

目には見えない世界ですので、さまざまな解釈があり、何が本当なのかわからないかもしれません。でも、愛したペットたちは、またこの世に生まれ変わってくるということを信じていただきたいと思います。

人より短い寿命の犬や猫たち。でも可愛がってくれた飼い主が生きている間に、こうやって戻ってきてくれることがあるのです。また一緒に暮らしたい。そんな気持ちで駆けつけてくるのでしょう。

どういう形にしても魂というものは連続しており、愛は消えることなく永遠に続くのです。

「猫は毛皮を変えて帰ってくる」～アゴちゃんがアオちゃんに～

A cat has nine lives.（猫に九生あり） という西洋の諺があります。

このように、猫は生まれ変わると言われるなど昔から不思議な生き物として認識されてきました。猫とお別れをした時「猫は毛皮を変えて帰ってくる」と言われているのを知っていますか？

「猫が毛皮を変えて帰ってくる」私はつい最近、運命の出会いがありました。その猫は、毛皮だけでなく、五体満足になって、声も出るようになって、三〇年が過ぎて帰ってきました。

ブラッキーが亡くなる前に、自分の代わりに神様に頼んでバトンタッチで救世主のように現れてきました。心の友アゴちゃんの生まれ変わりのシャム猫青太郎くん。なぜ生まれ変わりってわかるかって？　それは私とその猫だけの秘密の合言葉があったからです。

そのシャム猫は二〇一九年八月二日の深夜に突然やってきました。

夜中に執筆していると、「こっちにこい！」と裏の林から強烈なテレパシーがやってきました。なんだか、「助けて〜、お腹すいたよ」と確かに聞こえたのです。時計を見ると深夜二時半。

狸かと思って懐中電灯を照らしたら、狸のような？　生物が。よく見たらシャム猫でした。この猫はとても慣れていて、初対面なのに近寄ってきました。フードを与えたらいくらでも食べるので、とりあえず、朝また起きてから様子を見ることにしました。

夜が明けてすぐに裏に行ってみますと、橋の上にシャム猫がいました。そしてはっきりとテレパシーではなく聞こえる声で「おはようございます」と言いながらやってきたのです。

私はこの瞬間、ビビッときた。この厚かましさとおしゃべりの仕方。このシャム猫はアゴちゃんだと。

アゴちゃんとのキーワードは「おはようございます」だったのです。アゴちゃんは鳴くことはできませんでしたが、いつもどこからともなく朝ご飯を食べにくる時に、律義に「おはようございます」と想念で伝えて毎日きていました。

寄り目だとか、歩き方とか、アゴちゃんそのものでした。アゴちゃんは三〇年の時を経て、五体満足で私のもとへ生まれ変わってきてくれた。猫は毛皮を変えて帰ってくるという言い伝えの通りか、今度はシャム猫として生まれ変わってきてくれました。

八月に入って、ブラッキーの調子がかなり悪くなりその一カ月後の三〇日に亡くなりました。ブラッキーは、飼い主である私が心配で、アゴちゃんの生まれ変わりのこのシャム猫さんにバトンタッチしてくれたのだと思います。

次の日の朝、このシャム猫さんを改めて見たらとても痩せていました。捨てられて放浪生活が長かったのでしょう。しかも胸元からおなかにかけて、皮膚がただれて毛がほとんど抜けていました。

シャム猫のサファイアブルーの瞳は角度によって紅く色を変えると聞いていました

が、この猫ちゃんも、懐中電灯の光を当てたらブルーの目が真っ赤でした。シャム（サイアミーズ）の猫種に間違いない。

なんとなく品格がありました。聞きましたが、ここらへんでシャム猫を飼ってる人はおらず、また捨てられたようでした。捨てられたんだから飼い主は見つかりそうもない。よくも、こんなに慣れている可愛い子を捨てると思います。本当に無責任な飼い主の多いのに驚きます。でも我が家に縁があってやってきたことには間違いありません。

その次の日もやってきて、裏の橋の上にジッと寝て待機しているので、そのまま家に連れて帰って、室内飼いにしました。

ブルーの素敵な目が印象的でしたので、彗星のごとくやって来たシャム猫のサイアミーズさんの名前を「青太郎」（アオちゃん）と命名しました。

アゴちゃんが五体満足なシャム猫アオちゃんの毛皮に変えて、三〇年の時を経て生まれ変わったのです。

この三日間、裏でうろうろしてましたが、大きなゲージを用意してようやく我が家に落ち着きました。とても人懐っこい可愛い子です。皮膚のただれも薬を飲んで塗って、滋養を付けたら枯れてほとんど良くなってきました。

朝からアオちゃんを捕まえようとして、「おはよう」と言ったら、青太郎くんも「おはよう」と言っている。やっぱアゴちゃんに間違いない。

人間みたいな人面猫です。しっかり食べて毛づやを良くしたら立派な猫ちゃんです。性別♂、チャームポイントは寄り目のブルーアイ、ちょい悪風の癒し系。


突然「おはようございます」とやってきたアオちゃんは、アゴちゃんの生まれ変わり。ブラッキーが亡くなるまえに代わりに連れてきたのです。

それから、アゴちゃん、いやアオちゃんとの楽しい生活が始まりました。アオちゃんはアゴちゃんと違って声が出ますが、おしゃべりなところは同じ。

調べてみますと、シャム（サイアミーズ）はタイが原産の猫種です。その歴史は少なくとも一三〇〇年代までさかのぼることが可能ですが、アユタヤ王朝に書かれた本、『Cat book poems（Tamra Maew）』。そのなかでシャムは「〝幸運を呼ぶ猫〟ウィチアンマート」として紹介されています。

シャム猫はタイの猫で、幸運をもたらすとされ、タイだけでなく日本でも人気があ

チャコ ──────→ 虎吉 ──────→ 尊～たける～

チョンキーとミーコ

たけるとタック

プーちゃんとチャコ

ります。

二〇一九年八月二日に彗星のごとく現れた幸運を呼ぶシャム猫アオさん。

アゴちゃんの生まれ変わったアゴちゃんがやってきて、全く流れが変わってそれから、本当にあり得ない幸運が舞い込んできました。さすが、アゴちゃん。

「大我の愛」でペットはこの世で愛を知る

スピリチュアルでは、「大我《たいが》の愛」と「小我《しょうが》の愛」二つに分けて愛を表現しています。小我とは利己愛、大我とは利他愛のことです。

大我とは、見返りを求めない愛や無償の愛、利他愛が基本です。見返りとは、物質的なことだけではなく、精神的なことも含まれます。大我の愛とは、たとえ愛情をかけてもらえなくても、自分は相手に愛情をかけられることを言います。

見返りを求めずに愛情をかけられる心は、まさに大我の愛と言えます。

愛されたいと見返りを求めることも小我です。

こうした見返りを求める愛を小我と言い、求めない愛を大我と言います。そもそも人間は、小我の塊です。魂は輪廻転生を繰り返し、この世で様々な経験を通じて、少しずつ大我に目覚めていきます。

私たちが、小我であるのは当然のことですが、少しでも大我に目覚めることが魂の成長になり、それが私たちの生まれてきた意味です。

大我の実践とは見返りを求めずに利他愛で生きることを意味します。ただし、他人に利益を与えて自己犠牲で生きることは大我ではありません。

大我の実践は非常に難しいことです。大我の愛は「与え続ける愛」「あなたの幸せが私の幸せ」と思える愛です。

ここまでくれば苦しみも悲しみもありません。何があっても「あなたの幸せが私の幸せ」なのですから。私たちの魂は「大我を学ぶため」に日々壁にぶちあたり、失敗を繰り返していると言っても過言ではありません。

ペットとの出会いも、人間の子供を授かるのと同じように、「運命の法則」が働いています。

「運命の法則」が働いているということは「宿命」があって、それを「運命」に変えているということです。動物にも宿命があるのです。

人間の子供の魂は親の魂とは別です。肉体はつながっていますが、魂は別なのです。ですから、子を授かるということは、自分の私有物ではなく、魂のボランティアになります。

そして、人間の子供を育てるのと同じく、ペットを飼うということも、スピリチュアルな「魂のボランティア」をしていることになります。

このボランティアは、動物に「大我」の愛を教えるということです。「大我」の愛は、動物にはなく、人間と接することが、「大我」の愛を学ぶことになります。

動物は人間から「大我」の愛を学ぶことによって「霊的進化」をすることができるのです。再び結ばれるからとか甘い話は少なく、むしろ類魂が選んだ問題点を残しているから、その家族も目指して生まれてくる。

そして、生まれてくる魂は、新たなる出会い、新たなる「課題」を選んで生まれてくるのがほとんどで、再び会いたいとか「小我」で決めることではなく、自分で最も学びとなると思われるところに生まれてくるようになっている。

要するに、霊的世界でのカリキュラムはすべて「大我」なので、家族がその子は嫌だとか「小我」の力は働かないのです。

ペットに関しても同じことが言えると思います。たとえ「小我」の理由で、可愛いからとか、寂しいからと言って飼ったとしても、そこには霊界からの「大我」の力が、きちんと働いていて、そのペットが突然、病気をするとか、カリキュラムは必ずあります。大病を患うとか厄介なことになったペットの方が、飼い主に前世からの縁があることが多いようです。

野生の動物とペットでは魂の目的が違います。犬や猫でもペットは人に飼われることを決めて生まれてきます。ペットとして生まれてくる動物の魂は、飼われていない動物と魂の段階が違います。

血のつながりなど関係なく家族になるのですから、養子縁組みたいなものかもしれません。

人はペットを通じて「無償の愛」を学びます。

ペットとして飼われる犬や猫は、もう少しで人間になる進化の途中の状態とも言えるのです。ペットは人間に飼われて愛情を受けながら育つうちに、徐々に愛情を感じ取るようになり、ペットからも愛情を返そうとするようになります。

愛を知ること、これこそが動物の魂の向上において必要不可欠なことなのです。人間に愛情を返すことができるようになると、動物の魂はどんどん進化していきます。

そして、いずれ、人間の子として生まれてくることになるのです。

それでも、魂の進化のために、また愛情を受け取りにこの世に降り立ちます。

ペットの魂は、人間というものを学びながら、飼い主さんを助けるためにきてくれているとも言われています。ペットは人間と関わることで、愛を学ぶために地球にきていますので、野生動物とは目的がちょっと違うのです。

動物を育てることは、神様から与えられた使命で、その動物に愛情を伝え、進化させるために授かったものだと言われています。

人間に飼われていた動物は、愛情を知り、知恵をさずかり、進化して、人間の子供として生まれ変わります。ただ、飼い主恋しさに、すぐに進化するのが難しく、その飼い主とあの世で一緒に暮らして満足した上で進化するそうです。だから、自分のためにも、相手のためにも経験と感動を積み重ねましょう。

経験と感動の積み重ねが本当に相手を思う気持ち（愛）を育み、自分の霊性も向上させてくれるのです。

現世の混魂界で生きている私たちは、「大我」と思っていることが「小我」であったり、相手のことを思って悲しんだことが実は自分のために悲しんでいたりします。私たちは完全ではないのです、だから、再び生まれてきて様々な課題に取り組んでいるのです。

最初は、ただ自分が悲しくて、亡くなったペットと会えないのがたまらないと思いますが、だんだん自分の気持ちが変わってきて「大我」の愛から涙があふれてくるのが実感できると思います。それが、動物に「大我」を教えていることなのです。

逆に、こちらがこれが「大我」の愛なのだと教えられた気持ちになるかもしれません。あの世は次元が違うので時間も空間もありません。ですから、現世で思ったことは、あちらの世界にも必ず届くのです。

亡くなった子を思うと辛いでしょうが、いつまでもくよくよしていても良いことはありません。早く元気な気持ちになって新しい仲間になるペットと暮らして気持ちを切り換えることをお勧めします。

人間がペットを育てる理由は、ペットの進化を助けるためです。神様から与えられた使命だと言われています。

ペット（動物）というかたちでこの世に誕生し、人間から愛情を注がれることで、ペットは「愛」を知ることになります。この愛こそが、動物だけでなく人間も含めて、魂を向上させるのに必要不可欠なものなのです。

愛があれば、許すことができます。愛があれば、見返りを求めずに相手に与えることができます。

愛は全ての原点であり、最終的には愛で全てを包括することができます。

ペットは飼い主から愛情を受け取ることで、愛情に温かさや豊かさを感じることができるようになります。人間に飼われて初めて、「愛」を知るのです。

一度愛を知ると、自ら意味もない争いをしようとしません。愛を覚えることで、飼い主が喜ぶ顔を見ると「嬉しい」と思うようになるのです。

ペット自身は自覚はしていませんが、これがペットからの愛にほかなりません。愛情を深くしっかりと受け取ったペットは、飼い主が喜ぶ顔を見るたびに、自分の中の愛情が大きくなってくるのを実感するようになります。

そして、徐々に飼い主だけでなく、他の人間や動物にも愛情を持って接するようになります。

人間はペットに愛情を与えてペットからも愛情を受け取る、これはペットの進化を早めることにもなります。

魂のボランティアを引き受けたことで、自分にも魂の成長の機会が

例えばうちの犬のタックを例にして考えると
「今という時代に、アメリカで生まれ、秋田犬とシェパードミックスで生まれてきた。

日本にやってきたが、飼い主に捨てられて保健所に収容された」と言うことが「宿命」で、その保健所収容の犬を引き出して飼うか飼わないか？　そこで「飼う」ことを自分が選んだことによって、その「動機」が「小我」だったとしても「大我」だったとしても、犬の「運命」が変わった、私が犬の運命を預かった、と言うことになります。

物質的なことで言えば、犬は飼い主の「私有物」となりますが、魂では「所有物」ではなく、人間と接することで「大我」の愛を学ぶことになる、飼い主はその大切な役割を引き受けた、と言うことです。

類魂が選んだ問題点、新たなる出会い、新たなる「課題」を選んで、霊的世界でのカリキュラムがあり、たとえどんなことがあろうと、共に課題を乗り越えていく魂であるはずなのです。

ペットを飼うのも子育てと同じ。無条件の愛情と、ありのままを受け入れ、信頼する、それは言葉で言うのは簡単ですが、実行するのは自分自身を見つめることなくては難しいと思います。魂のボランティアを引き受けたことによって、自分にも魂の成長の機会を与えてもらっているのだと思っています。

ペットを飼うことは、神様から託された大切な役割です。

愛しいペットの進化を止めるようなことがないように、ペットと一緒に、魂の進化をしていけたら最高ではないでしょうか。

私の愛しいわが子も、あなたの愛しいあの子も、あの世で様々な過ごし方をしています。

愛情を与えた分、ペットは進化をしていきます。

そして、愛情を与えている私たちも、共に進化していきます。

争いのない世の中を目指して、この世もあの世と同じくらい、素晴らしい世界にしていきたいものです。

あとがき

動物たちと心で会話できる自分の能力を通して、身近な動物たちの思いを代弁するような気持ちで、様々なエピソードを綴ってまいりました。

私自身は、テレパシーによる想念伝達によって動物の気持ちをお伝えする通訳のような媒介者に過ぎません。しかし、自分の能力で、動物たちと人間との橋渡し的な役割ができて、何か少しでもお役に立てることができたらと思っています。


媒介者としてつくづく思うことは、世の中には、人間の身勝手によって、過酷な境遇にいる犬や猫たちが溢れかえっているということ。理不尽にも、人間の勝手な都合で捨てられて、生きることを許されない命がたくさん存在していることを知ってほしいのです。

今この瞬間にでも、殺処分は行われていて、物言えず亡くなる命が現実にあります。色々な形で動物たちは悲惨な目にあうことが多いのです。

世界各地で起こる戦争、人間同士のいがみ合い。自然破壊、絶滅していく動物たち。どんどん殺処分されていくペットたち。

全ては人間のしたことに違いありません。それは因果応報で必ず人間に返ってきます。彼らを平気で放棄して死に至らしめる人間は、何事もなかったように平気で暮らしているのです。人間社会の無慈悲な世界がそこにはありました。


でも、こういった人間のエゴに伴う理不尽なことをなくすにはどうすればよいのでしょうか?　たった一つだけ方法があります。

それは「相手を思いやる心」です。

これができるようで、なかなかできないのが人間なのです。

〝恕《じょ》の精神〟という言葉を聞いたことがありますか?

孔子が、人生で一番大切なことだと説いたのが、

「其れ恕か。己の欲せざる所、人に施すこと勿かれ」

恕とはつまり「思いやり」です。孔子は、人生で一番大切なことは、「恕」だと言いました。思いやりがある人は、他人の立場に立つことができる人だと。

他人の痛みや、苦しみ、喜びを自分のことのように感じることができる人。自分がされたくないことは人にはしてはならない、それが恕です。

つまりは「思いやり」を持つということこそ、人生で一番大切なことだと孔子は教えました。


地球上に人間が存在する限り、このような理不尽なことはなくならないかもしれません。しかし、だからといって諦めるのではなく、高度な知能を持つ人間は、考えて行動することができるはずです。

努力はしなければなりません。きれいごとかもしれませんが、世界中の人間が「相手を思いやる心」を養うことができれば、きっとこんな理不尽なことはなくなります。人生で一番大切な、「思いやりの心」を育てることが、すべての問題を根本的に解決するはずです。

命の本質のみを見ている人たち。命を見つめて、ほんの少しの思いやりと、救いたいという情熱さえあれば、どんな命も救えないことはありません。

まずは身近な命に愛情をかけることが大事です。

小さな命も皆、一生懸命に生きています。どんな犬も猫も、人間には到底敵わない強さと勇敢さを持っています。

動物には「死」という概念がなく、生きるのが当たり前で、生があるから命ある限り真っ直ぐ前を向いて生きている。

動物たちは、どんな状況でも生きるということしか考えていない。自殺する犬も猫もいない。最後の最後まで生きて生き抜いて、天寿を全うしたいのです。それが当たり前なのですが、人間の都合によってそうはいかないことが多いのです。

不幸になるために生まれてくる命などありません。

社会的に弱い立場と言える犬や猫たちは、人の元でないと生きていくことはできません。

捨てられること＝死を意味します。彼らは命がけです。

犬や猫の命は飼い主に委ねられている。かけがえのない家族であるペット。しかし、そんな風に思う人ばかりではなく、平気で捨てたりする人がいるのが現実です。

でも、忘れないでほしい。犬や猫にも我々人間と同じように豊かな心があることを。いつも真っ直ぐな瞳であなたを待っている。誰よりも、飼い主であるあなたが全てなのです。

犬や猫の一生は、どんな人に出会うかによって決まります。

捨てるのも人間なら、救うのもまた人間です。捨てる神あれば拾う神ありで、救うことができるのは人間しかいないのです。

一匹の猫や犬を助けたって世界は何も変わらないかもしれません。でも助けられた猫や犬にとってはその一生が一八〇度変わることになるのです。

一つの命でも救えたら、その子の世界を変えることができるのです。

悪いことばかりでなく、生きていたら必ずいつかはいいことがある。

そして、すべての命に思いやりを持てる世の中に変わることは、人間にとっても、素晴らしい世界になるはずなのだから。

人と動物たちが共に暮らして、お互いを幸せにしていく……。

そんな未来になりますように。

一人でも多くの方が、小さな生き物の命を大切に思う気持ちを持ってほしいと思います。そうすれば、無念で悲しい亡くなり方をする犬や猫たちがきっといなくなるはずです。

それぞれが持っている命のロウソクの灯を暖かい家庭で完全燃焼して幸せな天寿を全うしてほしい。そんな世の中になることを心から願っています。


この本を通して、価値観が少しでも変わって下さる方が多くなっていくこと。この本が現在の悲惨な状況にある犬や猫たちへの何かしらの改革の第一歩になること。彼らに少しでも恩返しができたらと心より祈って……。

動物たちの幸せを心より願いつつ、この猫たちの恩返しのお話を終わりにしたいと思います。

お読みいただきまして有難うございました。

ゆりあ

猫が生まれ変わって恩返しするとき

著　者　ゆりあ
発行者　真船美保子
発行所　KK ロングセラーズ
東京都新宿区高田馬場 2-1-2　〒 169-0075
電話（03）3204-5161（代）　振替 00120-7-145737
http://www.kklong.co.jp

印　刷　中央精版印刷（株）
製　本　（株）難波製本
落丁・乱丁はお取り替えいたします。※定価と発行日はカバーに表示してあります。
ISBN978-4-8454-2448-1　Printed In Japan 2019